Suhrkamp BasisBibliothek 36

Die Erzählungen sind das eigentliche Herzstück von Kafkas Werk. Diese Ausgabe der »Suhrkamp BasisBibliothek – Arbeitstexte für Schule und Studium« bietet nicht nur eine repräsentative Auswahl aus der gesamten Schaffensperiode des Autors in authentischer Textfassung, sondern auch einen Kommentar, der alle für das Verständnis des Buches erforderlichen Informationen enthält: eine Zeittafel zu Leben und Werk, Hinweise zur Entstehungs- und Rezeptionsgeschichte, einen Forschungsüberblick, Literaturhinweise sowie detaillierte Wort- und Sacherläuterungen. Die Schreibweise des Kommentars entspricht den neuen Rechtschreibregeln.

Zu ausgesuchten Titeln der Suhrkamp BasisBibliothek erscheinen im Cornelsen Verlag Hörbücher und CD-ROMs. Weitere Informationen erhalten Sie unter www.cornelsen.de.

Peter Höfle, geboren 1962, ist Lektor und lebt in Frankfurt am Main. Veröffentlichungen u. a. zu Kafka und Goethe.

Franz Kafka
Das Urteil
und andere Erzählungen

Mit einem Kommentar
von Peter Höfle

Suhrkamp

Die Texte Kafkas folgen mit freundlicher Genehmigung des
S. Fischer Verlags der Ausgabe:
Franz Kafka, *Schriften, Tagebücher, Briefe. Kritische Ausgabe.*
Herausgegeben von Jürgen Born, Gerhard Neumann, Malcolm
Pasley und Jost Schillemeit. Frankfurt am Main: S. Fischer
Verlag 1982 ff.
Die Einzelnachweise erfolgen im Kommentarteil zu den jewei-
ligen Texten.

Originalausgabe
Suhrkamp BasisBibliothek 36
Erste Auflage 2003

Satz: pagina GmbH, Tübingen
Druck: Ebner & Spiegel, Ulm
Umschlaggestaltung: Regina Göllner und Hermann Michels
Umschlagfoto: Archiv für Kunst und
Geschichte, Berlin
Printed in Germany

2 3 4 5 6 – 11 10 09 08 07 06

Inhalt

Kommentar

Das Urteil
und andere Erzählungen

Kinder auf der Landstraße

⌐Ich hörte⌐ die Wagen an dem Gartengitter vorüberfahren, manchmal sah ich sie auch durch die schwach bewegten Lücken im Laub. Wie krachte in dem heißen Sommer das
5 Holz in ihren Speichen und Deichseln! Arbeiter kamen von den Feldern und lachten, daß es eine Schande war.

Ich saß auf unserer kleinen ⌐Schaukel⌐, ich ruhte mich gerade aus zwischen den Bäumen im Garten meiner Eltern. Vor dem Gitter hörte es nicht auf. Kinder im Laufschritt
10 waren im Augenblick vorüber; Getreidewagen mit Männern und Frauen auf den Garben und rings herum verdunkelten die Blumenbeete; gegen Abend sah ich einen Herrn mit einem Stock langsam spazieren gehn und paar Mädchen*, die Arm in Arm ihm entgegenkamen, traten grüßend
15 ins seitliche Gras.

Landschaftlich für: ein paar Mädchen

Dann flogen Vögel wie sprühend auf, ich folgte ihnen mit den Blicken, sah, wie sie in einem Atemzug stiegen, bis ich nicht mehr glaubte, daß sie stiegen, sondern daß ich falle, und fest mich an den Seilen haltend aus Schwäche ein we-
20 nig zu schaukeln anfing. Bald schaukelte ich stärker, als die Luft schon kühler wehte und statt der fliegenden Vögel zitternde Sterne erschienen.

Bei ⌐Kerzenlicht⌐ bekam ich mein Nachtmahl. Oft hatte ich beide Arme auf der Holzplatte und, ⌐schon müde⌐, biß ich
25 in mein Butterbrot. Die stark durchbrochenen Vorhänge bauschten sich im warmen Wind, und manchmal hielt sie einer, der draußen vorüberging, mit seinen Händen fest, wenn er mich besser sehen und mit mir reden wollte. Meistens verlöschte die Kerze bald und in dem dunklen Ker-
30 zenrauch trieben sich noch eine Zeitlang die versammelten Mücken herum. Fragte mich einer vom Fenster aus, so sah ich ihn an, als schaue ich ins Gebirge oder in die bloße Luft, und auch ihm war an einer Antwort nicht viel gelegen.

Sprang dann einer über die Fensterbrüstung und meldete, die anderen seien schon vor dem Haus, so stand ich freilich seufzend auf.

»Nein, warum seufzst Du so? Was ist denn geschehn? Ist es ein besonderes, nie gut zu machendes Unglück? Werden wir uns nie davon erholen können? Ist wirklich alles verloren?«

Nichts war verloren. Wir liefen vor das Haus. »Gott sei Dank, da seid Ihr endlich!« – »Du kommst halt immer zu spät!« – »Wieso denn ich?« – »Gerade Du, bleib zu Hause, wenn Du nicht mitwillst.« – »Keine Gnaden!« – »Was? Keine Gnaden? Wie redest Du?«

Wir durchstießen den Abend mit dem Kopf. Es gab keine Tages- und keine Nachtzeit. Bald rieben sich unsere Westenknöpfe aneinander wie Zähne, bald liefen wir in gleichbleibender Entfernung, Feuer im Mund, wie Tiere in den Tropen. Wie Kürassiere* in alten Kriegen, stampfend und hoch in der Luft, trieben wir einander die kurze Gasse hinunter und mit diesem Anlauf in den Beinen die Landstraße weiter hinauf. Einzelne traten in den Straßengraben, kaum verschwanden sie vor der dunklen Böschung, standen sie schon wie fremde Leute oben auf dem Feldweg und schauten herab.

»Kommt doch herunter!« – »Kommt zuerst herauf!« »Damit Ihr uns herunterwerfet, fällt uns nicht ein, so gescheit sind wir noch.« – »So feig seid Ihr, wollt Ihr sagen. Kommt nur, kommt!« – »Wirklich? Ihr? Gerade Ihr werdet uns hinunterwerfen? Wie müßtet Ihr aussehen?«

Wir machten den Angriff, wurden vor die Brust gestoßen und legten uns in das Gras des Straßengrabens, fallend und freiwillig. Alles war gleichmäßig erwärmt, wir spürten nicht Wärme, nicht Kälte im Gras, nur müde wurde man.

Wenn man sich auf die rechte Seite drehte, die Hand unters Ohr gab, da wollte man gerne einschlafen. Zwar wollte

*Reiter mit Brustharnisch (»Kürass«)

man sich noch einmal aufraffen mit erhobenem Kinn, dafür aber in einen tieferen Graben fallen. Dann wollte man, den Arm quer vorgehalten, die Beine schiefgeweht, sich gegen die Luft werfen und wieder bestimmt in einen noch tieferen Graben fallen. Und damit wollte man gar nicht aufhören.

Wie man sich im letzten Graben richtig zum Schlafen aufs äußerste strecken würde, besonders in den Knien, daran dachte man noch kaum und lag, zum Weinen aufgelegt, wie krank auf dem Rücken. Man zwinkerte, wenn einmal ein Junge, die Ellbogen bei den Hüften, mit dunklen Sohlen über uns von der Böschung auf die Straße sprang.

Den Mond sah man schon in einiger Höhe, ein Postwagen fuhr in seinem Licht vorbei. Ein schwacher Wind erhob sich allgemein, auch im Graben fühlte man ihn, und in der Nähe fing der Wald zu rauschen an. Da lag einem nicht mehr soviel daran, allein zu sein.

»Wo seid Ihr?« – »Kommt her!« – »Alle zusammen!« »Was versteckst Du Dich, laß den Unsinn!« – »Wißt Ihr nicht, ⌐daß die Post schon vorüber ist⌐?« – »Aber nein! Schon vorüber?« – »Natürlich, während Du geschlafen hast, ist sie vorübergefahren.« – »Ich habe geschlafen? Nein so etwas!« »Schweig nur, man sieht es Dir doch an.« – »Aber ich bitte Dich.« –« Kommt!«

Wir liefen enger beisammen, manche reichten einander die Hände, den Kopf konnte man nicht genug hoch* haben, weil es abwärts ging. Einer schrie einen ⌐indianischen Kriegsruf heraus⌐, wir bekamen in die Beine einen Galopp wie niemals, bei den Sprüngen hob uns in den Hüften der Wind. Nichts hätte uns aufhalten können; wir waren so im Laufe, daß wir selbst beim Überholen die Arme verschränken und ruhig uns umsehen konnten.

Auf der Wildbachbrücke blieben wir stehn; die weiter gelaufen waren, kehrten zurück. Das Wasser unten schlug an Steine und Wurzeln, als wäre es nicht schon spät abend. Es

Landschaftlich für: hoch genug

gab keinen Grund dafür, warum nicht einer auf das Geländer der Brücke sprang.

Hinter Gebüschen in der Ferne fuhr ein Eisenbahnzug her-
(franz.) Abteile aus, alle Coupées* waren beleuchtet, die Glasfenster sicher
herabgelassen. Einer von uns begann einen Gassenhauer zu 5
singen, aber wir alle wollten singen. Wir sangen viel ra-
scher als der Zug fuhr, wir schaukelten die Arme, weil die
Stimme nicht genügte, wir kamen mit unseren Stimmen in
ein Gedränge, in dem uns wohl war. Wenn man seine Stimme unter andere mischt, ist man wie mit einem Angelhaken 10
gefangen.

So sangen wir, den Wald im Rücken, den fernen Reisenden
in die Ohren. Die Erwachsenen wachten noch im Dorfe,
die Mütter richteten die Betten für die Nacht.

Es war schon Zeit. Ich küßte den, der bei mir stand, reichte 15
den drei Nächsten nur so die Hände, begann den Weg zurückzulaufen, keiner rief mich. Bei der ersten Kreuzung,
wo sie mich nicht mehr sehen konnten, bog ich ein und lief
auf Feldwegen wieder in den Wald. Ich strebte zu der ⌈Stadt
im Süden⌉ hin, von der es in unserem Dorfe hieß: 20

»Dort sind Leute! Denkt Euch, die schlafen nicht!«

»Und warum denn nicht?«

»Weil sie nicht müde werden.«

»Und warum denn nicht?«

»Weil sie Narren sind.« 25

»Werden denn Narren nicht müde?«

»Wie könnten Narren müde werden!«

Das Urteil
Eine Geschichte

Für F.* Felice Bauer

Es war an einem Sonntagvormittag im schönsten Frühjahr.
⌜Georg Bendemann⌝, ein junger Kaufmann, saß in seinem
Privatzimmer im ersten Stock eines der niedrigen, leicht-
gebauten Häuser, die entlang des Flusses in einer langen
Reihe, fast nur in der Höhe und Färbung unterschieden,
sich hinzogen. Er hatte gerade einen Brief an einen sich im
Ausland befindenden Jugendfreund beendet, verschloß ihn
in spielerischer Langsamkeit und sah dann, den Ellbogen
auf den Schreibtisch gestützt, aus dem Fenster auf den
Fluß, die Brücke und die Anhöhen am anderen Ufer mit
ihrem schwachen Grün.
Er dachte darüber nach, wie dieser Freund, mit seinem
Fortkommen zu Hause unzufrieden, vor Jahren schon
nach ⌜Rußland⌝ sich förmlich geflüchtet hatte. Nun betrieb
er ein Geschäft in Petersburg, das anfangs sich sehr gut
angelassen hatte, seit langem aber schon zu stocken schien,
wie der Freund bei seinen immer seltener werdenden Be-
suchen klagte. So arbeitete er sich in der Fremde nutzlos ab,
der fremdartige ⌜Vollbart⌝ verdeckte nur schlecht das seit
den Kinderjahren wohlbekannte Gesicht, dessen gelbe
Hautfarbe auf eine sich entwickelnde Krankheit hinzudeu-
ten schien. Wie er erzählte, hatte er keine rechte Verbindung mit der dortigen Kolonie seiner Landsleute, aber
auch fast keinen gesellschaftlichen Verkehr mit einheimi-
schen Familien und richtete sich so ⌜für ein endgültiges
Junggesellentum⌝ ein.
Was wollte man einem solchen Manne schreiben, der sich
offenbar verrannt hatte, den man bedauern, ⌜dem man
aber nicht helfen konnte⌝. Sollte man ihm vielleicht raten,

wieder nach Hause zu kommen, seine Existenz hierher zu verlegen, alle die alten freundschaftlichen Beziehungen wieder aufzunehmen – wofür ja kein Hindernis bestand – und im übrigen auf die Hilfe der Freunde zu vertrauen? Das bedeutete aber nichts anderes, als daß man ihm gleichzeitig, je schonender, desto kränkender, sagte, daß seine bisherigen Versuche mißlungen seien, daß er endlich von ihnen ablassen solle, daß er zurückkehren und sich als ein für immer Zurückgekehrter von allen mit großen Augen anstaunen lassen müsse, daß nur seine Freunde etwas verstünden und daß er ein ⌜altes Kind⌝ sei und den erfolgreichen, zu Hause gebliebenen Freunden einfach zu folgen habe. Und war es dann noch sicher, daß alle die Plage, die man ihm antun müßte, einen Zweck hätte? Vielleicht gelang es nicht einmal, ihn überhaupt nach Hause zu bringen – er sagte ja selbst, daß er die Verhältnisse in der Heimat nicht mehr verstünde –, und so bliebe er dann trotz allem in seiner Fremde, verbittert durch die Ratschläge und den Freunden noch ein Stück mehr entfremdet. Folgte er aber wirklich dem Rat und würde hier – natürlich nicht mit Absicht, aber durch die Tatsachen – niedergedrückt, fände sich nicht in seinen Freunden und nicht ohne sie zurecht, litte an Beschämung, hätte jetzt wirklich keine Heimat und keine Freunde mehr; war es da nicht viel besser für ihn, er blieb in der Fremde, so wie er war? Konnte man denn bei solchen Umständen daran denken, daß er es hier tatsächlich vorwärts bringen würde?

Aus diesen Gründen konnte man ihm, wenn man überhaupt noch die briefliche Verbindung aufrecht erhalten wollte, keine eigentlichen Mitteilungen machen, wie man sie ohne Scheu auch den entferntesten Bekannten geben würde. Der Freund war nun schon über drei Jahre nicht in der Heimat gewesen und erklärte dies sehr notdürftig mit der Unsicherheit der politischen Verhältnisse in Rußland, die demnach also auch die kürzeste Abwesenheit eines klei-

nen Geschäftsmannes nicht zuließen, während hundert-
tausende Russen ruhig in der Welt herumfuhren. Im Laufe
dieser drei Jahre hatte sich aber gerade für Georg vieles
verändert. Von dem Todesfall von Georgs Mutter, der vor
etwa zwei Jahren erfolgt war und seit welchem Georg mit
seinem alten Vater in gemeinsamer Wirtschaft lebte, hatte
der Freund wohl noch erfahren und sein Beileid in einem
Brief mit einer Trockenheit ausgedrückt, die ihren Grund
nur darin haben konnte, daß die Trauer über ein solches
Ereignis in der Fremde ganz unvorstellbar wird. Nun hatte
aber Georg seit jener Zeit, so wie alles andere, auch sein
Geschäft mit größerer Entschlossenheit angepackt. Vielleicht hatte ihn der Vater bei Lebzeiten der Mutter dadurch, daß er im Geschäft nur seine Ansicht gelten lassen
wollte, an einer wirklichen eigenen Tätigkeit gehindert.
Vielleicht war der Vater seit dem Tode der Mutter, trotzdem er noch immer im Geschäft arbeitete, zurückhaltender
geworden, vielleicht spielten – was sogar sehr wahrscheinlich war – glückliche Zufälle eine weit wichtigere Rolle,
jedenfalls aber hatte sich das Geschäft in diesen zwei Jahren ganz unerwartet entwickelt. Das Personal hatte man
verdoppeln müssen, der Umsatz sich verfünffacht, ein wei-
terer Fortschritt stand zweifellos bevor.

Der Freund aber hatte keine Ahnung von dieser Veränderung. Früher, zum letztenmal vielleicht in jenem Beileids-
brief, hatte er Georg zur Auswanderung nach Rußland
überreden wollen und sich über die Aussichten verbreitet,
die gerade für Georgs Geschäftszweig in Petersburg bestanden. Die Ziffern waren verschwindend gegenüber dem
Umfang, den Georgs Geschäft jetzt angenommen hatte.
Georg aber hatte keine Lust gehabt, dem Freund von seinen geschäftlichen Erfolgen zu schreiben, und jetzt nachträglich hätte es wirklich einen merkwürdigen Anschein
gehabt.

So beschränkte sich Georg darauf, dem Freund immer nur

über bedeutungslose Vorfälle zu schreiben, wie sie sich, wenn man an einem ruhigen Sonntag nachdenkt, in der Erinnerung ungeordnet aufhäufen. Er wollte nichts anderes, als die Vorstellung ungestört lassen, die sich der Freund von der Heimatstadt in der langen Zwischenzeit wohl gemacht und mit welcher er sich abgefunden hatte. So geschah es Georg, daß er dem Freund die Verlobung eines gleichgültigen Menschen mit einem ebenso gleichgültigen Mädchen dreimal in ziemlich weit auseinanderliegenden Briefen anzeigte, bis sich dann allerdings der Freund, ganz gegen Georgs Absicht, für diese Merkwürdigkeit zu interessieren begann.

Georg schrieb ihm aber solche Dinge viel lieber, als daß er zugestanden hätte, daß er selbst vor einem Monat mit einem Fräulein ⌐Frieda Brandenfeld⌐, einem Mädchen aus wohlhabender Familie, sich verlobt hatte. Oft sprach er mit seiner Braut über diesen Freund und das besondere Korrespondenzverhältnis, in welchem er zu ihm stand. »Er wird also gar nicht zu unserer Hochzeit kommen«, sagte sie, »und ich habe doch das Recht, alle deine Freunde kennenzulernen.« »Ich will ihn nicht stören«, antwortete Georg, »verstehe mich recht, er würde wahrscheinlich kommen, wenigstens glaube ich es, aber er würde sich gezwungen und geschädigt fühlen, vielleicht mich beneiden und sicher unzufrieden und unfähig, diese Unzufriedenheit jemals zu beseitigen, allein wieder zurückfahren. Allein – weißt du, was das ist?« »Ja, kann er denn von unserer Heirat nicht auch auf andere Weise erfahren?« »Das kann ich allerdings nicht verhindern, aber es ist bei seiner Lebensweise unwahrscheinlich.« ⌐»Wenn du solche Freunde hast, Georg, hättest du dich überhaupt nicht verloben sollen.«⌐ »Ja, das ist unser beider Schuld; aber ich wollte es auch jetzt nicht anders haben.« Und wenn sie dann, rasch atmend unter seinen Küssen, noch vorbrachte: »Eigentlich kränkt es mich doch«, hielt er es wirklich für unverfänglich, dem Freund alles zu schreiben. »So bin ich und so hat er mich hinzunehmen«, sagte er sich, »ich kann nicht aus mir einen Menschen herausschneiden, der vielleicht für die Freundschaft mit ihm geeigneter wäre, als ich es bin.«

Und tatsächlich berichtete er seinem Freunde in dem langen Brief, den er an diesem Sonntagvormittag schrieb, die erfolgte Verlobung mit folgenden Worten: »Die beste Neuigkeit habe ich mir bis zum Schluß aufgespart. Ich habe mich mit einem Fräulein Frieda Brandenfeld verlobt, einem Mädchen aus einer wohlhabenden Familie, die sich hier erst lange nach Deiner Abreise angesiedelt hat, die Du also kaum kennen dürftest. Es wird sich noch Gelegenheit finden, Dir Näheres über meine Braut mitzuteilen, heute genüge Dir, daß ich recht glücklich bin und daß sich in unserem gegenseitigen Verhältnis nur insofern etwas geändert hat, als Du jetzt in mir statt eines ganz gewöhnlichen Freundes einen glücklichen Freund haben wirst. Außerdem bekommst Du in meiner Braut, die Dich herzlich grüßen läßt, und die Dir nächstens selbst schreiben wird, eine aufrichtige Freundin, was für einen Junggesellen nicht ganz ohne Bedeutung ist. Ich weiß, es hält Dich vielerlei von einem Besuche bei uns zurück. Wäre aber nicht gerade meine Hochzeit die richtige Gelegenheit, einmal alle Hindernisse über den Haufen zu werfen? Aber wie dies auch sein mag, handle ohne alle Rücksicht und nur nach Deiner Wohlmeinung.«

Mit diesem Brief in der Hand war Georg lange, das Gesicht dem Fenster zugekehrt, an seinem Schreibtisch gesessen. Einem Bekannten, der ihn im Vorübergehen von der Gasse aus gegrüßt hatte, hatte er kaum mit einem abwesenden Lächeln geantwortet.

Endlich steckte er den Brief in die Tasche und ging aus seinem Zimmer quer durch einen kleinen Gang in das Zimmer seines Vaters, in dem er schon seit Monaten nicht gewesen war. Es bestand auch sonst keine Nötigung dazu, denn er verkehrte mit seinem Vater ständig im Geschäft. Das Mittagessen nahmen sie gleichzeitig in einem Speisehaus ein, abends versorgte sich zwar jeder nach Belieben; doch saßen sie dann noch ein Weilchen, meistens jeder mit seiner Zeitung, im gemeinsamen Wohnzimmer, wenn nicht Georg, wie es am häufigsten geschah, mit Freunden beisammen war oder jetzt seine Braut besuchte.

Georg staunte darüber, wie dunkel das Zimmer des Vaters selbst an diesem sonnigen Vormittag war. Einen solchen Schatten warf also die hohe Mauer, die sich jenseits des schmalen Hofes erhob. Der Vater saß beim Fenster in einer Ecke, die mit verschiedenen Andenken an die selige Mutter ausgeschmückt war, und las die Zeitung, die er seitlich vor die Augen hielt, wodurch er irgend eine Augenschwäche auszugleichen suchte. Auf dem Tisch standen die Reste des Frühstücks, von dem nicht viel verzehrt zu sein schien.

»Ah, Georg!« sagte der Vater und ging ihm gleich entgegen. Sein schwerer Schlafrock öffnete sich im Gehen, die Enden umflatterten ihn – ⌐»mein Vater ist noch immer ein Riese«⌐, dachte sich Georg.

»Hier ist es ja unerträglich dunkel«, sagte er dann.

»Ja, dunkel ist es schon«, antwortete der Vater.

»Das Fenster hast du auch geschlossen?«

»Ich habe es lieber so.«

»Es ist ja ganz warm draußen«, sagte Georg, wie im Nachhang zu dem Früheren, und setzte sich.

Der Vater räumte das Frühstücksgeschirr ab und stellte es auf einen Kasten*.

»Ich wollte dir eigentlich nur sagen«, fuhr Georg fort, der den Bewegungen des alten Mannes ganz verloren folgte, »daß ich nun doch nach Petersburg meine Verlobung angezeigt habe.« Er zog den Brief ein wenig aus der Tasche und ließ ihn wieder zurückfallen.

»Nach Petersburg?« fragte der Vater.

»Meinem Freunde doch«, sagte Georg und suchte des Va-

(oberdt.)
Schrank

18   Das Urteil

ters Augen. – »Im Geschäft ist er doch ganz anders«, dachte er, »wie er hier breit sitzt und die Arme über der Brust kreuzt.«

»Ja. Deinem Freunde«, sagte der Vater mit Betonung.

5 »Du weißt doch, Vater, daß ich ihm meine Verlobung zuerst verschweigen wollte. Aus Rücksichtnahme, aus keinem anderen Grunde sonst. Du weißt selbst, er ist ein schwieriger Mensch. Ich sagte mir, von anderer Seite kann er von meiner Verlobung wohl erfahren, wenn das auch bei
10 seiner einsamen Lebensweise kaum wahrscheinlich ist – das kann ich nicht hindern –, aber von mir selbst soll er es nun einmal nicht erfahren.«

»Und jetzt hast du es dir wieder anders überlegt?« fragte der Vater, legte die große Zeitung auf den Fensterbord und
15 auf die Zeitung die Brille, die er mit der Hand bedeckte.

»Ja, jetzt habe ich es mir wieder überlegt. Wenn er mein guter Freund ist, sagte ich mir, dann ist meine glückliche Verlobung auch für ihn ein Glück. Und deshalb habe ich nicht mehr gezögert, es ihm anzuzeigen. Ehe ich jedoch den
20 Brief einwarf, wollte ich es dir sagen.«

»Georg«, sagte der Vater und zog den zahnlosen Mund in die Breite, »hör' einmal! Du bist wegen dieser ⌜Sache⌝ zu mir gekommen, um dich mit mir zu beraten. Das ehrt dich ohne Zweifel. Aber es ist nichts, es ist ärger als nichts, wenn
25 du mir jetzt nicht die volle Wahrheit sagst. Ich will nicht Dinge aufrühren, die nicht hierher gehören. Seit dem Tode unserer teuren Mutter sind gewisse unschöne Dinge vorgegangen. Vielleicht kommt auch für sie die Zeit und vielleicht kommt sie früher, als wir denken. Im Geschäft entgeht
30 mir manches, es wird mir vielleicht nicht verborgen – ich will jetzt gar nicht die Annahme machen, daß es mir verborgen wird –, ich bin nicht mehr kräftig genug, mein Gedächtnis läßt nach. Ich habe nicht mehr den Blick für alle die vielen Sachen. Das ist erstens der Ablauf der Natur,
35 und zweitens hat mich der Tod unseres Mütterchens viel

mehr niedergeschlagen als dich. – Aber weil wir gerade bei dieser Sache sind, bei diesem Brief, so bitte ich dich Georg, täusche mich nicht. Es ist eine Kleinigkeit, es ist nicht des Atems wert, also täusche mich nicht. ⌐Hast du wirklich diesen Freund in Petersburg?⌐«   5
Georg stand verlegen auf. »Lassen wir meine Freunde sein. Tausend Freunde ersetzen mir nicht meinen Vater. Weißt du, was ich glaube? Du schonst dich nicht genug. Aber das Alter verlangt seine Rechte. Du bist mir im Geschäft unentbehrlich, das weißt du ja sehr genau; aber wenn das Geschäft deine Gesundheit bedrohen sollte, sperre ich es noch   10
morgen für immer. Das geht nicht. Wir müssen da eine andere Lebensweise für dich einführen. Aber von Grund aus. Du sitzt hier im Dunkel, und im Wohnzimmer hättest du schönes Licht. Du nippst vom Frühstück, statt dich ordentlich zu stärken. Du sitzt bei geschlossenem Fenster,   15
und die Luft würde dir so gut tun. Nein Vater! Ich werde den Arzt holen und seine Vorschriften werden wir befolgen. Die Zimmer werden wir wechseln, du wirst ins Vorderzimmer ziehen, ich hierher. Es wird keine Veränderung   20
für dich sein, alles wird mit hinübergetragen. Aber das alles hat Zeit, jetzt lege dich noch ein wenig ins Bett, du brauchst unbedingt Ruhe. Komm, ich werde dir beim Ausziehn helfen, du wirst sehen, ich kann es. Oder willst du gleich ins Vorderzimmer gehn, dann legst du dich vorläufig in mein   25
Bett. Das wäre übrigens sehr vernünftig.«
Georg stand knapp neben seinem Vater, der den Kopf mit dem struppigen weißen Haar auf die Brust hatte sinken lassen.
»Georg«, sagte der Vater leise, ohne Bewegung.   30
Georg kniete sofort neben dem Vater nieder, er sah die Pupillen in dem müden Gesicht des Vaters übergroß in den Winkeln der Augen auf sich gerichtet.
»Du hast keinen Freund in Petersburg. Du bist immer ein ⌐Spaßmacher⌐ gewesen und hast dich auch mir gegenüber   35

nicht zurückgehalten. Wie solltest du denn gerade dort einen Freund haben! Das kann ich gar nicht glauben.«

»Denk doch noch einmal nach, Vater«, sagte Georg, hob den Vater vom Sessel und zog ihm, wie er nun doch recht
5 schwach dastand, den Schlafrock aus, »jetzt wird es bald drei Jahre her sein, da war ja mein Freund bei uns zu Besuch. Ich erinnere mich noch, daß du ihn nicht besonders gern hattest. Wenigstens zweimal habe ich ihn vor dir verleugnet, trotzdem er gerade bei mir im Zimmer saß. Ich
10 konnte ja deine Abneigung gegen ihn ganz gut verstehn, mein Freund hat seine Eigentümlichkeiten. Aber dann hast du dich doch auch wieder ganz gut mit ihm unterhalten. Ich war damals noch so stolz darauf, daß du ihm zuhörtest, nicktest und fragtest. Wenn du nachdenkst, mußt du dich
15 erinnern. Er erzählte damals unglaubliche Geschichten von der ⌐russischen Revolution⌐. Wie er z. B. auf einer Geschäftsreise in Kiew bei einem Tumult einen Geistlichen auf einem Balkon gesehen hatte, der sich ein breites Blutkreuz in die flache Hand schnitt, diese Hand erhob und die Men-
20 ge anrief. Du hast ja selbst diese Geschichte hie und da wiedererzählt.«

Währenddessen war es Georg gelungen, den Vater wieder niederzusetzen und ihm die Trikothose*, die er über den Leinenunterhosen trug, sowie die Socken vorsichtig aus-
25 zuziehn. Beim Anblick der nicht besonders reinen Wäsche machte er sich Vorwürfe, den Vater vernachlässigt zu haben. Es wäre sicherlich auch seine Pflicht gewesen, über den Wäschewechsel seines Vaters zu wachen. Er hatte mit seiner Braut darüber noch nicht ausdrücklich gesprochen,
30 wie sie die Zukunft des Vaters einrichten wollten, aber sie hatten stillschweigend vorausgesetzt, daß der Vater allein in der alten Wohnung bleiben würde. Doch jetzt entschloß er sich kurz mit aller Bestimmtheit, den Vater in seinen künftigen Haushalt mitzunehmen. Es schien ja fast, wenn
35 man genauer zusah, daß die Pflege, die dort dem Vater bereitet werden sollte, zu spät kommen könnte.

(Unter-)Hose aus eng anliegendem Trikotstoff

Auf seinen Armen trug er den Vater ins Bett. Ein schreck-
liches Gefühl hatte er, als er während der paar Schritte zum
Bett hin merkte, daß an seiner Brust der Vater mit seiner
Uhrkette spiele. Er konnte ihn nicht gleich ins Bett legen, so
fest hielt er sich an dieser Uhrkette.   5

Kaum war er aber im Bett, schien alles gut. Er deckte sich
selbst zu und zog dann die Bettdecke noch besonders weit
über die Schulter. Er sah nicht unfreundlich zu Georg hinauf.

»Nicht wahr, du erinnerst dich schon an ihn?« fragte Ge-   10
org und nickte ihm aufmunternd zu.

»Bin ich jetzt gut zugedeckt?« fragte der Vater, als könne er
nicht nachschauen, ob die Füße genug bedeckt seien.

»Es gefällt dir also schon im Bett«, sagte Georg und legte
das Deckzeug besser um ihn.   15

»Bin ich gut zugedeckt?« fragte der Vater noch einmal und
schien auf die Antwort besonders aufzupassen.

»Sei nur ruhig, du bist gut zugedeckt.«

»Nein!« rief der Vater, daß die Antwort an die Frage stieß,
warf die Decke zurück mit einer Kraft, daß sie einen Au-   20
genblick im Fluge sich ganz entfaltete, und stand aufrecht
im Bett. Nur eine Hand hielt er leicht an den Plafond*. »Du
wolltest mich zudecken, das weiß ich, mein Früchtchen,
aber zugedeckt bin ich noch nicht. Und ist es auch die letzte
Kraft, genug für dich, zuviel für dich! ⌐Wohl kenne ich   25
deinen Freund. Er wäre ein Sohn nach meinem Herzen.⌐
Darum hast du ihn auch betrogen die ganzen Jahre lang.
Warum sonst? Glaubst du, ich habe nicht um ihn geweint?
Darum doch sperrst du dich in dein Bureau, niemand soll
stören, der Chef ist beschäftigt – nur damit du deine fal-   30
schen Briefchen nach Rußland schreiben kannst. Aber den
Vater muß glücklicherweise niemand lehren, den Sohn zu
durchschauen. Wie du jetzt geglaubt hast, du hättest ihn
untergekriegt, so untergekriegt, daß du dich mit deinem
Hintern auf ihn setzen kannst und er rührt sich nicht, da   35
hat sich mein Herr Sohn zum Heiraten entschlossen!«

(franz.)
Zimmerdecke

Georg sah zum Schreckbild seines Vaters auf. Der Peters-
burger Freund, den der Vater plötzlich so gut kannte, ⌐er-
griff ihn⌐, wie noch nie. Verloren im weiten Rußland sah er
ihn. An der Türe des leeren, ausgeraubten Geschäftes sah
er ihn. Zwischen den Trümmern der Regale, den zerfetzten
Waren, den fallenden Gasarmen* stand er gerade noch.
Warum hatte er so weit wegfahren müssen!

»Aber schau mich an!« rief der Vater, und Georg lief, fast
zerstreut, zum Bett, um alles zu fassen, stockte aber in der
Mitte des Weges.

⌐»Weil sie die Röcke gehoben hat«⌐, fing der Vater zu flöten
an, »weil sie die Röcke so gehoben hat, die widerliche
Gans«, und er hob, um das darzustellen, sein Hemd so
hoch, daß man auf seinem Oberschenkel die ⌐Narbe aus
seinen Kriegsjahren⌐ sah, »weil sie die Röcke so und so und
so gehoben hat, hast du dich an sie herangemacht, und
damit du an ihr ohne Störung dich befriedigen kannst, hast
du unserer Mutter Andenken geschändet, den Freund verraten und deinen Vater ins Bett gesteckt, damit er sich nicht
rühren kann. Aber kann er sich rühren oder nicht?«

Und er stand vollkommen frei und warf die Beine. Er
strahlte vor Einsicht.

Georg stand in einem Winkel, möglichst weit vom Vater.
Vor einer langen Weile hatte er sich fest entschlossen, alles
vollkommen genau zu beobachten, damit er nicht irgendwie auf Umwegen, von hinten her, von oben herab über-
rascht werden könne. Jetzt erinnerte er sich wieder an den
längst vergessenen Entschluß und vergaß ihn, wie man einen kurzen Faden durch ein Nadelöhr zieht.

»Aber der Freund ist nun doch nicht verraten!« rief der
Vater, und sein hin- und herbewegter Zeigefinger bekräftigte es. »Ich war sein Vertreter hier am Ort.«

»Komödiant!« konnte sich Georg zu rufen nicht enthalten,
erkannte sofort den Schaden und biß, nur zu spät, – die
Augen erstarrt – in seine Zunge, daß er vor Schmerz ein-
knickte.

Vorrichtung
für die Gasbe-
leuchtung

»Ja, freilich habe ich Komödie gespielt! Komödie! Gutes Wort! Welcher andere Trost blieb dem alten verwitweten Vater? Sag – und für den Augenblick der Antwort sei du noch mein lebender Sohn –, was blieb mir übrig, in meinem Hinterzimmer, verfolgt vom ungetreuen Personal, alt bis in die Knochen? Und ⌈mein Sohn ging im Jubel durch die Welt⌉, schloß Geschäfte ab, die ich vorbereitet hatte, überpurzelte sich vor Vergnügen und ging vor seinem Vater mit dem verschlossenen Gesicht eines Ehrenmannes davon! Glaubst du, ich hätte dich nicht geliebt, ich, von dem du ausgingst?«

»Jetzt wird er sich vorbeugen«, dachte Georg, »wenn er fiele und zerschmetterte!« Dieses Wort durchzischte seinen Kopf.

Der Vater beugte sich vor, fiel aber nicht. Da Georg sich nicht näherte, wie er erwartet hatte, erhob er sich wieder.

»Bleib, wo du bist, ich brauche dich nicht! Du denkst, du hast noch die Kraft, hierher zu kommen und hältst dich bloß zurück, weil du so willst. Daß du dich nicht irrst! Ich bin noch immer der viel Stärkere. Allein hätte ich vielleicht zurückweichen müssen, aber so hat mir die Mutter ihre Kraft abgegeben, mit deinem Freund habe ich mich herrlich verbunden, deine Kundschaft habe ich hier in der ⌈Tasche⌉!«

»Sogar im Hemd hat er Taschen!« sagte sich Georg und glaubte, er könne ihn mit dieser Bemerkung in der ganzen Welt unmöglich machen. Nur einen Augenblick dachte er das, denn immerfort vergaß er alles.

»Häng dich nur in deine Braut ein und komm mir entgegen! Ich fege sie dir von der Seite weg, du weißt nicht wie!«

Georg machte Grimassen, als glaube er das nicht. Der Vater nickte bloß, die Wahrheit dessen beteuernd, was er sagte, in Georgs Ecke hin.

»Wie hast du mich doch heute unterhalten, als du kamst

und fragtest, ob du deinem Freund von der Verlobung schreiben sollst. Er weiß doch alles, dummer Junge, er weiß doch alles! Ich schrieb ihm doch, weil du vergessen hast, mir das Schreibzeug wegzunehmen. Darum kommt er schon seit Jahren nicht, er weiß ja alles hundertmal besser als du selbst. Deine Briefe zerknüllt er ungelesen in der linken Hand, während er in der Rechten meine Briefe zum Lesen sich vorhält!«

Seinen Arm schwang er vor Begeisterung über dem Kopf.
»Er weiß alles tausendmal besser!« rief er.

»Zehntausendmal!« sagte Georg, um den Vater zu verlachen, aber noch in seinem Munde bekam das Wort einen toternsten Klang.

»Seit Jahren passe ich schon auf, daß du mit dieser Frage kämest! Glaubst du, mich kümmert etwas anderes? Glaubst du, ich lese Zeitungen? Da!« und er warf Georg ein Zeitungsblatt, das irgendwie mit ins Bett getragen worden war, zu. Eine alte Zeitung, mit einem Georg schon ganz unbekannten Namen.

»Wie lange hast du ⌈gezögert⌉, ehe du reif geworden bist! Die Mutter mußte sterben, sie konnte den Freudentag nicht erleben, der Freund geht zugrunde in seinem Rußland, schon vor drei Jahren war er gelb zum Wegwerfen, und ich, du siehst ja, wie es mit mir steht. Dafür hast du doch Augen!«

»Du hast mir also aufgelauert!« rief Georg.

Mitleidig sagte der Vater nebenbei: »Das wolltest du wahrscheinlich früher sagen. Jetzt paßt es ja gar nicht mehr.« Und lauter: »Jetzt weißt du also, was es noch außer dir gab, bisher wußtest du nur von dir! Ein unschuldiges Kind warst du ja eigentlich, aber noch eigentlicher warst du ein teuflischer Mensch! – Und darum wisse: Ich ⌈verurteile dich⌉ jetzt zum Tode des Ertrinkens!«

Georg fühlte sich aus dem Zimmer gejagt, den Schlag, mit dem der Vater hinter ihm aufs Bett stürzte, trug er noch in

den Ohren davon. Auf der Treppe, über deren Stufen er wie
über eine schiefe Fläche eilte, überrumpelte er seine Bedienerin, die im Begriffe war heraufzugehen, um die Wohnung nach der Nacht aufzuräumen. »Jesus!« rief sie und
verdeckte mit der Schürze das Gesicht, aber er war schon 5
davon. Aus dem Tor sprang er, über die Fahrbahn zum
Wasser trieb es ihn. Schon hielt er das Geländer fest, wie ein
Hungriger die Nahrung. Er schwang sich über, als der ausgezeichnete Turner, der er in seinen Jugendjahren zum
Stolz seiner Eltern gewesen war. Noch hielt er sich mit 10
schwächer werdenden Händen fest, erspähte zwischen den
Geländerstangen einen Autoomnibus*, der mit Leichtig-
keit seinen Fall übertönen würde, rief leise: »Liebe Eltern,
ich habe euch doch immer geliebt«, und ließ sich hinabfal-
len. 15
In diesem Augenblick ging über die Brücke ein geradezu
⌐unendlicher Verkehr⌐.

Motorbetrie-
bener Bus
(»Omnibusse«
waren von
Pferden
gezogen)

Vor dem Gesetz

Vor dem Gesetz steht ein Türhüter. Zu diesem Türhüter kommt ein ⌈Mann vom Lande⌉ und bittet um Eintritt in das Gesetz. Aber der Türhüter sagt, daß er ihm jetzt den Ein-
5 tritt nicht gewähren könne. Der Mann überlegt und fragt dann, ob er also später werde eintreten dürfen. »Es ist mög-lich«, sagt der Türhüter, »jetzt aber nicht.« Da das Tor zum Gesetz ⌈offensteht wie immer⌉ und der Türhüter beiseite tritt, bückt sich der Mann, um durch das Tor in das Innere
10 zu sehn. Als der Türhüter das merkt, lacht er und sagt: »Wenn es dich so ⌈lockt⌉, versuche es doch, trotz meines Verbotes hineinzugehn. Merke aber: Ich bin mächtig. Und ich bin nur der unterste Türhüter. Von Saal zu Saal stehn aber Türhüter, einer mächtiger als der andere. Schon den
15 Anblick des dritten kann nicht einmal ich mehr ertragen.« Solche Schwierigkeiten hat der Mann vom Lande nicht er-wartet; das Gesetz soll doch jedem und immer zugänglich sein, denkt er, aber als er jetzt den Türhüter in seinem Pelz-mantel genauer ansieht, seine große Spitznase, den langen,
20 dünnen, schwarzen tatarischen* Bart, entschließt er sich, doch lieber zu warten, bis er die Erlaubnis zum Eintritt bekommt. Der Türhüter gibt ihm einen Schemel und läßt ihn seitwärts von der Tür sich niedersetzen. Dort sitzt er Tage und Jahre. Er macht viele Versuche, eingelassen zu
25 werden, und ermüdet den Türhüter durch seine Bitten. Der Türhüter stellt öfters kleine Verhöre mit ihm an, fragt ihn über seine Heimat aus und nach vielem andern, es sind aber teilnahmslose Fragen, wie sie große Herren stellen, und zum Schlusse sagt er ihm immer wieder, daß er ihn noch
30 nicht einlassen könne. Der Mann, der sich für seine Reise mit vielem ausgerüstet hat, verwendet alles, und sei es noch so wertvoll, um den Türhüter zu bestechen. Dieser nimmt zwar alles an, aber sagt dabei: »Ich nehme es nur an, damit

*Wie ihn die Tataren tragen: spitz zulaufend

du nicht glaubst, etwas versäumt zu haben.« Während der vielen Jahre beobachtet der Mann den Türhüter fast ununterbrochen. Er vergißt die andern Türhüter und dieser erste scheint ihm das einzige Hindernis für den Eintritt in das Gesetz. Er verflucht den unglücklichen Zufall, in den ersten Jahren rücksichtslos und laut, später, als er alt wird, brummt er nur noch vor sich hin. Er wird ⌈kindisch⌉, und, da er in dem jahrelangen ⌈Studium⌉ des Türhüters auch die Flöhe in seinem Pelzkragen erkannt hat, bittet er auch die Flöhe, ihm zu helfen und den Türhüter umzustimmen. Schließlich wird sein Augenlicht schwach, und er weiß nicht, ob es um ihn wirklich dunkler wird, oder ob ihn nur seine Augen täuschen. Wohl aber erkennt er jetzt im Dunkel einen Glanz, der unverlöschlich aus der Türe des Gesetzes bricht. Nun lebt er nicht mehr lange. Vor seinem Tode sammeln sich in seinem Kopfe alle Erfahrungen der ganzen Zeit zu einer Frage, die er bisher an den Türhüter noch nicht gestellt hat. Er winkt ihm zu, da er seinen erstarrenden Körper nicht mehr aufrichten kann. Der Türhüter muß sich tief zu ihm hinunterneigen, denn der ⌈Größenunterschied hat sich sehr zu ungunsten des Mannes verändert⌉. »Was willst du denn jetzt noch wissen?« fragt der Türhüter, »du bist ⌈unersättlich⌉.« »Alle streben doch nach dem Gesetz«, sagt der Mann, »wieso kommt es, daß in den vielen Jahren niemand außer mir Einlaß verlangt hat?« Der Türhüter erkennt, daß der Mann schon an seinem Ende ist, und, um sein vergehendes Gehör noch zu erreichen, brüllt er ihn an: »Hier konnte niemand sonst Einlaß erhalten, denn dieser Eingang war nur für dich bestimmt. Ich gehe jetzt und schließe ihn.«

Auf der Galerie*

Oberster Rang
im Theater

Wenn irgendeine hinfällige, lungensüchtige* Kunstreiterin tuberkulöse
in der Manege auf schwankendem Pferd vor einem uner-
müdlichen Publikum vom peitschenschwingenden erbar-
5 mungslosen Chef monatelang ohne Unterbrechung im
Kreise rundum getrieben würde, auf dem Pferde schwir-
rend, Küsse werfend, in der Taille sich wiegend, und wenn
dieses Spiel unter dem nichtaussetzenden Brausen des Or-
chesters und der Ventilatoren in die immerfort weiter sich
10 öffnende graue Zukunft sich fortsetzte, begleitet vom ver-
gehenden und neu anschwellenden Beifallsklatschen der
Hände, die eigentlich ⌈Dampfhämmer⌉ sind – vielleicht eilte dann ein junger Galeriebesucher die lange Treppe durch
alle Ränge hinab, stürzte in die Manege, riefe das: ⌈Halt!⌉
15 durch die Fanfaren des immer sich anpassenden Orche-
sters.

Da es aber nicht so ist; eine schöne Dame, weiß und rot,
hereinfliegt, zwischen den Vorhängen, welche die stolzen
Livrierten vor ihr öffnen; der Direktor, hingebungsvoll ihre
20 Augen suchend, in Tierhaltung ihr entgegenatmet; vor-
sorglich* sie auf den Apfelschimmel hebt, als wäre sie seine Hier: fürsorg-
lich (veral-
tender Wort-
gebrauch)
über alles geliebte Enkelin, die sich auf gefährliche Fahrt
begibt; sich nicht entschließen kann, das Peitschenzeichen
zu geben; schließlich in Selbstüberwindung es knallend
25 gibt; neben dem Pferde mit offenem Munde einherläuft; die
Sprünge der Reiterin scharfen Blickes verfolgt; ihre Kunstfertigkeit kaum begreifen kann; mit englischen Ausrufen
zu warnen versucht; die reifenhaltenden Reitknechte wütend zu peinlichster Achtsamkeit ermahnt; vor dem großen
30 Saltomortale* das Orchester mit aufgehobenen Händen (ital.) »Todes-
sprung«;
besonders
waghalsiger,
mehrfacher
Salto
beschwört, es möge schweigen; schließlich die Kleine vom
zitternden Pferde hebt, auf beide Backen küßt und keine
Huldigung des Publikums für genügend erachtet; während

sie selbst, von ihm gestützt, hoch auf den Fußspitzen, vom Staub umweht, mit ausgebreiteten Armen, zurückgelehntem Köpfchen ihr Glück mit dem ganzen Zirkus teilen will – da dies so ist, legt der Galeriebesucher das Gesicht auf die Brüstung und, im Schlußmarsch wie in einem schweren Traum versinkend, weint er, ohne es zu wissen.

Ein ⌈Landarzt⌉

Ich war in großer Verlegenheit: eine dringende Reise stand
mir bevor; ein Schwerkranker wartete auf mich in einem
zehn Meilen entfernten Dorfe; starkes Schneegestöber füll-
5 te den weiten Raum zwischen mir und ihm; einen Wagen
hatte ich, leicht, großräderig, ganz wie er für unsere Land-
straßen taugt; in den Pelz gepackt, die Instrumententasche
in der Hand, stand ich reisefertig schon auf dem Hofe; aber
das Pferd fehlte, das Pferd. Mein eigenes Pferd war in der
10 letzten Nacht, infolge der Überanstrengung in diesem ei-
sigen Winter, verendet; mein Dienstmädchen lief jetzt im
Dorf umher, um ein Pferd geliehen zu bekommen; aber es
war aussichtslos, ich wußte es, und immer mehr vom
Schnee überhäuft, immer unbeweglicher werdend, stand
15 ich zwecklos da. Am Tor erschien das Mädchen, allein,
schwenkte die Laterne; natürlich, wer leiht jetzt sein Pferd
her zu solcher Fahrt? Ich durchmaß noch einmal den Hof,
ich fand keine Möglichkeit; zerstreut, gequält stieß ich mit
dem Fuß an die brüchige Tür des schon seit Jahren unbe-
20 nützten ⌈Schweinestalles⌉. Sie öffnete sich und klappte in
den Angeln auf und zu. Wärme und Geruch wie von Pferden kam hervor. Eine trübe Stallaterne schwankte drin an
einem Seil. Ein Mann, zusammengekauert in dem niedrigen Verschlag, zeigte sein offenes blauäugiges Gesicht.
25 »Soll ich anspannen?« fragte er, auf allen Vieren hervor-
kriechend. Ich wußte nichts zu sagen und beugte mich nur,
um zu sehen, was es noch in dem Stalle gab. Das Dienstmädchen stand neben mir. »Man weiß nicht, was für Dinge
man im eigenen Hause vorrätig hat«, sagte es, und wir
30 beide lachten. »Hollah, Bruder, hollah, Schwester!« rief
der Pferdeknecht, und zwei Pferde, mächtige flankenstarke
Tiere schoben sich hintereinander, die Beine eng am Leib,
die wohlgeformten Köpfe wie Kamele senkend, nur durch

die Kraft der Wendungen ihres Rumpfes aus dem Türloch, das sie restlos ausfüllten. Aber gleich standen sie aufrecht, hochbeinig, mit dicht ausdampfendem Körper. »Hilf ihm«, sagte ich, und das ⌈willige Mädchen⌉ eilte, dem Knecht das Geschirr des Wagens zu reichen. Doch kaum war es bei ihm, umfaßt es der Knecht und schlägt sein Gesicht an ihres. Es schreit auf und flüchtet sich zu mir; rot eingedrückt sind zwei Zahnreihen in des Mädchens Wange. »Du Vieh«, schreie ich wütend, »willst du die Peitsche?«, besinne mich aber gleich, daß es ein Fremder ist; daß ich nicht weiß, woher er kommt, und daß er mir freiwillig aushilft, wo alle andern versagen. Als wisse er von meinen Gedanken, nimmt er meine Drohung nicht übel, sondern wendet sich nur einmal, immer mit den Pferden beschäftigt, nach mir um. »Steigt ein«, sagt er dann, und tatsächlich: alles ist bereit. Mit so schönem ⌈Gespann⌉, das merke ich, bin ich noch nie gefahren und ich steige fröhlich ein. »Kutschieren werde aber ich, du kennst nicht den Weg«, sage ich. »Gewiß«, sagt er, »ich fahre gar nicht mit, ⌈ich bleibe bei Rosa⌉.« »Nein«, schreit Rosa und läuft im richtigen Vorgefühl der Unabwendbarkeit ihres Schicksals ins Haus; ich höre die Türkette klirren, die sie vorlegt; ich höre das Schloß einspringen; ich sehe, wie sie überdies im Flur und weiterjagend durch die Zimmer alle Lichter verlöscht, um sich unauffindbar zu machen. »Du fährst mit«, sage ich zu dem Knecht, »oder ich verzichte auf die Fahrt, so dringend sie auch ist. Es fällt mir nicht ein, dir für die Fahrt das Mädchen als Kaufpreis hinzugeben.« »Munter!« sagt er; klatscht in die Hände; der Wagen wird fortgerissen, wie Holz in die Strömung; noch höre ich, wie die Tür meines Hauses unter dem Ansturm des Knechtes birst und splittert, dann sind mir Augen und Ohren von einem zu allen Sinnen gleichmäßig dringenden Sausen erfüllt. Aber auch das nur einen Augenblick, denn, als öffne sich unmittelbar vor meinem Hoftor der Hof meines Kranken, bin

ich schon dort; ruhig stehen die Pferde; der Schneefall hat
aufgehört; Mondlicht ringsum; die Eltern des Kranken eilen aus dem Haus; seine Schwester hinter ihnen; man hebt
mich fast aus dem Wagen; den verwirrten Reden entnehme
ich nichts; im Krankenzimmer ist die ⌜Luft kaum atembar⌝;
der vernachlässigte Herdofen raucht; ich werde das Fenster
aufstoßen; zuerst aber will ich den Kranken sehen. Mager,
ohne Fieber, nicht kalt, nicht warm, mit leeren Augen,
ohne Hemd hebt sich der Junge unter dem Federbett, hängt
sich an meinen Hals, flüstert mir ins Ohr: »Doktor, laß
mich sterben.« Ich sehe mich um; niemand hat es gehört;
die Eltern stehen stumm vorgebeugt und erwarten mein
⌜Urteil⌝; die Schwester hat einen Stuhl für meine Handtasche gebracht. Ich öffne die Tasche und suche unter meinen
Instrumenten; der Junge tastet immerfort aus dem Bett
nach mir hin, um mich an seine Bitte zu erinnern; ich fasse
eine Pinzette, prüfe sie im Kerzenlicht und lege sie wieder
hin. »Ja«, denke ich lästernd, »in solchen Fällen helfen die
Götter, schicken das fehlende Pferd, fügen der Eile wegen
noch ein zweites hinzu, spenden zum Übermaß noch den
Pferdeknecht –« Jetzt erst fällt mir wieder Rosa ein; was tue
ich, wie rette ich sie, wie ziehe ich sie unter diesem Pferdeknecht hervor, zehn Meilen von ihr entfernt, unbe-
herrschbare Pferde vor meinem Wagen? Diese Pferde, die
jetzt die Riemen irgendwie gelockert haben; die Fenster,
ich weiß nicht wie, von außen aufstoßen; jedes durch ein
Fenster den Kopf stecken und, unbeirrt durch den Auf-
schrei der Familie, den Kranken betrachten. »Ich fahre
gleich wieder zurück«, denke ich, als forderten mich die
Pferde zur Reise auf, aber ich dulde es, daß die Schwester,
die mich durch die Hitze betäubt glaubt, den Pelz mir ab-
nimmt. Ein Glas Rum wird mir bereitgestellt, der Alte
klopft mir auf die Schulter, die Hingabe seines Schatzes
rechtfertigt diese Vertraulichkeit. Ich schüttle den Kopf, in
dem engen Denkkreis des Alten würde mir übel; nur aus

diesem Grunde lehne ich es ab zu trinken. Die Mutter steht am Bett und lockt mich hin; ich folge und lege, während ein Pferd laut zur Zimmerdecke wiehert, den Kopf an die Brust des Jungen, der unter meinem nassen Bart* erschauert. Es bestätigt sich, was ich weiß: der Junge ist gesund, ein wenig schlecht durchblutet, von der sorgenden Mutter mit Kaffee durchtränkt, aber gesund und am besten mit einem Stoß aus dem Bett zu treiben. Ich bin kein Weltverbesserer und lasse ihn liegen. Ich bin vom Bezirk angestellt und tue meine Pflicht bis zum Rand, bis dorthin, wo es fast zu viel wird. Schlecht bezahlt, bin ich doch freigebig und hilfsbereit gegenüber den Armen. Noch für Rosa muß ich sorgen, dann mag der Junge recht haben und ⌈auch ich will sterben⌉. Was tue ich hier in diesem endlosen Winter! Mein Pferd ist verendet, und da ist niemand im Dorf, der mir seines leiht. Aus dem Schweinestall muß ich mein Gespann ziehen; wären es nicht zufällig Pferde, müßte ich mit Säuen fahren. So ist es. Und ich nicke der Familie zu. Sie wissen nichts davon, und wenn sie es wüßten, würden sie es nicht glauben. Rezepte schreiben ist leicht, aber im übrigen sich mit den Leuten verständigen, ist schwer. Nun, hier wäre also mein Besuch zu Ende, man hat mich wieder einmal unnötig bemüht, daran bin ich gewöhnt, mit Hilfe meiner Nachtglocke martert mich der ganze Bezirk, aber daß ich diesmal auch noch Rosa hingeben mußte, dieses schöne Mädchen, das jahrelang, von mir kaum beachtet, in meinem Hause lebte – dieses Opfer ist zu groß, und ich muß es mir mit Spitzfindigkeiten aushilfsweise in meinem Kopf irgendwie zurechtlegen, um nicht auf diese Familie loszufahren, die mir ja beim besten Willen Rosa nicht zurückgeben kann. Als ich aber meine Handtasche schließe und nach meinem Pelz winke, die Familie beisammensteht, der Vater schnuppernd über dem Rumglas in seiner Hand, die Mutter, von mir wahrscheinlich enttäuscht – ja, was erwartet denn das Volk? – tränenvoll in die Lippen beißend und die Schwester

Vgl. die Erl. zu 13,22 (*Das Urteil*)

ein schwer blutiges Handtuch schwenkend, bin ich irgendwie bereit, unter Umständen zuzugeben, daß der Junge doch vielleicht krank ist. Ich gehe zu ihm, er lächelt mir entgegen, als brächte ich ihm etwa die allerstärkste Suppe –
ach, jetzt wiehern beide Pferde; der Lärm soll wohl, höhern Orts angeordnet, die Untersuchung erleichtern – und nun finde ich: ja, der Junge ist krank. In seiner rechten Seite, in der Hüftengegend hat sich eine handtellergroße Wunde aufgetan. Rosa, in vielen Schattierungen, dunkel in der Tiefe, hellwerdend zu den Rändern, zartkörnig, mit ungleichmäßig sich aufsammelndem Blut, offen wie ein ⌐Bergwerk⌐ obertags. So aus der Entfernung. In der Nähe zeigt sich noch eine Erschwerung. Wer kann das ansehen ohne leise zu pfeifen? Würmer, an Stärke und Länge meinem kleinen Finger gleich, rosig aus eigenem und außerdem blutbespritzt, winden sich, im Innern der Wunde festgehalten, mit weißen Köpfchen, mit vielen Beinchen ans Licht. Armer Junge, dir ist nicht zu helfen. Ich habe deine große Wunde aufgefunden; an dieser Blume in deiner Seite gehst du zugrunde. Die Familie ist glücklich, sie sieht mich in Tätigkeit; die Schwester sagt's der Mutter, die Mutter dem Vater, der Vater einigen ⌐Gästen⌐, die auf den Fußspitzen, mit ausgestreckten Armen balancierend, durch den Mondschein der offenen Tür hereinkommen. »Wirst du mich retten?« flüstert schluchzend der Junge, ganz geblendet durch das Leben in seiner Wunde. So sind die Leute in meiner Gegend. Immer das Unmögliche vom Arzt verlangen. ⌐Den alten Glauben haben sie verloren; der Pfarrer sitzt zu Hause und zerzupft die Meßgewänder, eines nach dem andern; aber der Arzt soll alles leisten mit seiner zarten chirurgischen Hand. Nun, wie es beliebt: ich habe mich nicht angeboten; verbraucht ihr mich zu heiligen Zwecken⌐, lasse ich auch das mit mir geschehen; was will ich Besseres, alter Landarzt, meines Dienstmädchens beraubt! Und sie kommen, die Familie und die Dorfältesten, und entkleiden

mich; ein Schulchor mit dem Lehrer an der Spitze steht vor
dem Haus und singt eine äußerst einfache Melodie auf den
Text:

> »Entkleidet ihn, dann wird er heilen,
> Und heilt er nicht, so tötet ihn!　　　　　　　5
> 'Sist nur ein Arzt, 'sist nur ein Arzt.«

Dann bin ich entkleidet und sehe, die Finger im Barte, mit
geneigtem Kopf die Leute ruhig an. Ich bin durchaus gefaßt
und allen überlegen und bleibe es auch, trotzdem es mir
nichts hilft, denn jetzt nehmen sie mich beim Kopf und bei　10
den Füßen und tragen mich ins Bett. Zur Mauer, an die
Seite der Wunde legen sie mich. Dann gehen alle aus der
Stube; die Tür wird zugemacht; der Gesang verstummt;
Wolken treten vor den Mond; warm liegt das Bettzeug um
mich; schattenhaft schwanken die Pferdeköpfe in den Fen-　15
sterlöchern. »Weißt du«, höre ich, mir ins Ohr gesagt,
»mein Vertrauen zu dir ist sehr gering. Du bist ja auch nur
irgendwo abgeschüttelt, kommst nicht auf eigenen Füßen.
Statt zu helfen, engst du mir mein Sterbebett ein. Am lieb-
sten kratzte ich dir die Augen aus.« »Richtig«, sage ich, »es　20
ist eine Schmach. Nun bin ich aber Arzt. Was soll ich tun?
Glaube mir, es wird auch mir nicht leicht.« »Mit dieser
Entschuldigung soll ich mich begnügen? Ach, ich muß
wohl. Immer muß ich mich begnügen. Mit einer schönen
Wunde kam ich auf die Welt; das war meine ganze Aus-　25
stattung.« »Junger Freund«, sage ich, »dein Fehler ist: du
hast keinen Überblick. Ich, der ich schon in allen Kranken-
stuben, weit und breit, gewesen bin, sage dir: deine Wunde
ist so übel nicht. Im spitzen Winkel mit zwei Hieben der
Hacke geschaffen. Viele bieten ihre Seite an und hören　30
kaum die Hacke im Forst, geschweige denn, daß sie ihnen
näher kommt.« »Ist es wirklich so oder täuschest du mich
im Fieber?« »Es ist wirklich so, nimm das Ehrenwort eines

Amtsarztes mit hinüber.« ⌈Und er nahm's und wurde still⌉.
Aber jetzt war es Zeit, an meine ⌈Rettung⌉ zu denken. Noch
standen treu die Pferde an ihren Plätzen. Kleider, Pelz und
Tasche waren schnell zusammengerafft; mit dem Anklei-
den wollte ich mich nicht aufhalten; beeilten sich die Pferde
wie auf der Herfahrt, sprang ich ja gewissermaßen aus diesem Bett in meines. Gehorsam zog sich ein Pferd vom Fenster zurück; ich warf den Ballen in den Wagen; der Pelz flog
zu weit, nur mit einem Ärmel hielt er sich an einem Haken
fest. Gut genug. Ich schwang mich aufs Pferd. Die Riemen
lose schleifend, ein Pferd kaum mit dem andern verbunden,
der Wagen irrend hinterher, der Pelz als letzter im Schnee.
»Munter!« sagte ich, aber munter ging's nicht; langsam
wie alte Männer zogen wir durch die Schneewüste; lange
klang hinter uns der neue, aber irrtümliche Gesang der
Kinder:

> »Freuet Euch, Ihr Patienten,
> Der Arzt ist Euch ins Bett gelegt!«

Niemals ⌈komme⌉ ich so nach Hause; meine blühende Praxis ist verloren; ein Nachfolger bestiehlt mich, aber ohne
Nutzen, denn er kann mich nicht ersetzen; in meinem Hause wütet der ekle Pferdeknecht; Rosa ist sein Opfer; ich will
es nicht ausdenken. Nackt, dem Froste dieses ⌈unglückse-
ligsten Zeitalters⌉ ausgesetzt, mit irdischem Wagen, un-
irdischen Pferden, treibe ich mich alter Mann umher. Mein
Pelz hängt hinten am Wagen, ich kann ihn aber nicht erreichen, und keiner aus dem beweglichen Gesindel der Patienten rührt den Finger. Betrogen! Betrogen! Einmal dem
⌈Fehlläuten⌉ der Nachtglocke gefolgt – es ist niemals gutzumachen.

»Zwei Knaben saßen auf der Quaimauer . . . «
(*Der Jäger Gracchus*)

Franz. Schrei-
bung für: Kai
(zum Anlegen
von Schiffen
befestigtes
Ufer)

Zwei Knaben saßen auf der Quaimauer* und spielten Wür-
fel. Ein Mann las eine Zeitung auf den Stufen eines Denkmals im Schatten des säbelschwingenden Helden. Ein
Mädchen am Brunnen füllte Wasser in ihre Bütte. Ein
Obstverkäufer lag neben seiner Ware und blickte auf den
See hinaus. In der Tiefe einer Kneipe sah man durch die
leeren Tür- und Fensterlöcher zwei Männer beim Wein.
Der Wirt saß vorn auf einem Tisch und schlummerte. Eine
Barke schwebte leise als werde sie über dem Wasser getragen in den kleinen Hafen. Ein Mann in blauem Kittel
stieg ans Land und zog die Seile durch die Ringe. Zwei
andere Männer in dunklen Röcken mit Silberknöpfen trugen hinter dem Bootsmann eine Bahre auf der unter einem
großen blumengemusterten gefransten Seidentuch offenbar ein Mensch lag. Auf dem Quai kümmerte sich niemand
um die Ankömmlinge, selbst als sie die Bahre niederstellten
um auf den Bootsführer zu warten, der noch an den Seilen
arbeitete, trat niemand heran, niemand richtete eine Frage
an sie, niemand sah sie genauer an. Der Führer wurde noch
ein wenig aufgehalten durch eine Frau, die ein Kind an der
Brust mit aufgelösten Haaren sich jetzt auf Deck zeigte.
Dann kam er, wies auf ein gelbliches zweistöckiges Haus,
das sich links nahe beim Wasser geradlinig erhob, die Träger nahmen die Last auf und trugen sie durch das niedrige
aber von schlanken Säulen gebildete Tor. Ein kleiner Junge
öffnete ein Fenster, bemerkte noch gerade wie der Trupp
im Haus verschwand und schloß das Fenster wieder eilig.
Auch das Tor wurde nun geschlossen, es war aus schwerem
Eichenholz sorgfältig gefügt. Ein Taubenschwarm der bisher den Glockenturm umflogen hatte, ließ sich jetzt auf
dem Platz vor dem Hause nieder. Als werde im Hause ihre

Nahrung aufbewahrt, sammelten sich die Tauben vor dem Tor. Eine flog bis zum ersten Stock auf und pickte an die Fensterscheibe. Es waren hellfarbige, wohlgepflegte lebhafte Tiere. In großem Schwung warf ihnen die Frau aus der Barke Körner hin, sie sammelten sie auf und flogen dann zur Frau hinüber. Ein alter Mann in Cylinderhut mit Trauerband kam eine der schmalen stark abfallenden Gäßchen, die zum Hafen führten herab. Er blickte aufmerksam umher, alles bekümmerte ihn, der Anblick von Unrat in einem Winkel ließ ihn das Gesicht verzerren, auf den Stufen des Denkmals lagen Obstschalen, er schob sie im Vorübergehn mit seinem Stock hinunter. An der Säulentür klopfte er an, gleichzeitig nahm er den Cylinderhut in seine schwarz behandschuhte Rechte. Gleich wurde geöffnet, wohl fünfzig kleine Knaben bildeten ein Spalier im langen Flurgang und verbeugten sich. Der Bootsführer kam die Treppe herab, begrüßte den Herrn, führte ihn hinauf, im ersten Stockwerk umgieng er mit ihm den von leicht gebauten Loggien* umgebenen Hof und beide traten, während die Knaben in respektvoller Entfernung nachdrängten in einen kühlen großen Raum an der Hinterseite des Hauses, dem gegenüber kein Haus mehr, sondern nur eine kahle grauschwarze Felsenwand zu sehen war. Die Träger waren damit beschäftigt zu Häupten der Bahre einige lange Kerzen aufzustellen und anzuzünden; aber Licht entstand dadurch nicht, es wurden förmlich nur die früher ruhenden Schatten aufgescheucht und flackerten über die Wände. Von der Bahre war das Tuch zurückgeschlagen. Es lag dort ein Mann mit wild durcheinandergewachsenem Haar und Bart, gebräunter Haut, etwa einem Jäger gleichend. Er lag bewegungslos, scheinbar atemlos, mit geschlossenen Augen da, trotzdem deutete nur die Umgebung an, daß es vielleicht ein Toter war.

Der Herr trat zur Bahre, legte eine Hand dem Daliegenden auf die Stirn, kniete dann nieder und betete. Der Bootsfüh-

*Loggia: (ital.) »Laube«; ebenerdiger, den Gebäuden an- oder eingegliederter Bogengang

(oberdt.)
gingen

rer winkte den Trägern, das Zimmer zu verlassen, sie gien-
gen* hinaus, vertrieben die Knaben, die sich draußen an-
gesammelt hatten und schlossen die Tür. Dem Herrn
schien aber auch diese Stille noch nicht zu genügen, er sah
den Bootsführer an, dieser verstand und gieng durch eine 5
Seitentür ins Nebenzimmer. Sofort schlug der Mann auf
der Bahre die Augen auf, wandte schmerzlich lächelnd das
Gesicht dem Herrn zu und sagte: »Wer bist Du?« Der Herr
erhob sich ohne sichtbares Staunen aus seiner knieenden
Stellung und antwortete: »Der Bürgermeister von ⌈Riva⌉.« 10
Der Mann auf der Bahre nickte, zeigte mit schwach aus-
gestrecktem Arm auf einen Sessel und sagte, nachdem der
Bürgermeister seiner Einladung gefolgt war: »Ich wußte es
ja Herr Bürgermeister, aber im ersten Augenblick habe ich
immer alles vergessen, alles geht mir in der Runde und es ist 15
besser ich frage, auch wenn ich alles weiß. Auch Sie wissen
wahrscheinlich, daß ich der Jäger ⌈Gracchus⌉ bin.« »Gewiß«, sagte der Bürgermeister, »Sie wurden mir heute in
der Nacht angekündigt. Wir schliefen längst. Da rief gegen
Mitternacht meine Frau: ›⌈Salvatore⌉‹ – so heiße ich – ›sieh 20
die Taube im Fenster.‹ Es war wirklich eine Taube, aber
groß wie ein Hahn. Sie flog zu meinem Ohr und sagte:
›Morgen kommt der tote Jäger Gracchus, empfange ihn im
Namen der Stadt.‹« Der Jäger nickte und zog die Zungen-
spitze zwischen den Lippen durch: »Ja die Tauben fliegen 25
vor mir her. Glauben Sie aber Herr Bürgermeister daß ich
in Riva bleiben soll?« »Das kann ich noch nicht sagen«,
antwortete der Bürgermeister. »Sind Sie tot?« »Ja«, sagte
der Jäger, »wie Sie sehn. Vor vielen Jahren, es müssen aber
schon ungemein viel Jahre sein, stürzte ich im Schwarz- 30
wald, das ist in Deutschland, von einem Felsen, als ich eine
⌈Gemse⌉ verfolgte. Seitdem bin ich tot.« »Aber Sie leben
doch auch?« sagte der Bürgermeister. »Gewissermaßen«,
sagte der Jäger, »gewissermaßen lebe ich auch. Mein ⌈To-
deskahn⌉ verfehlte die Fahrt, eine falsche Drehung des 35

Steuers, ein Augenblick der Unaufmerksamkeit des Führers, eine Ablenkung durch meine wunderschöne Heimat, ich weiß nicht was es war, nur das weiß ich, daß ich auf der Erde blieb und daß mein Kahn seither die irdischen Gewässer befährt. So reise ich, der nur in seinen Bergen leben wollte, nach meinem Tode durch alle Länder der Erde.«
»Und Sie haben keinen Teil am Jenseits?« fragte der Bürgermeister mit gerunzelter Stirne. »Ich bin«, antwortete der Jäger, »immer auf der großen Treppe die hinaufführt. Auf dieser unendlich weiten ⌐Freitreppe treibe ich mich herum⌐, bald oben bald unten, bald rechts bald links, immer in Bewegung. Nehme ich aber den größten Aufschwung und leuchtet mir schon oben das Tor, erwache ich auf meinem alten in irgendeinem irdischen Gewässer öde steckenden Kahn. Der Grundfehler meines einstmaligen Sterbens umgrinst mich in meiner Kajüte, ⌐Julia⌐ die Frau des Bootsführers klopft und bringt mir zu meiner Bahre das Morgengetränk des Landes, dessen Küste wir gerade befahren.« »Ein schlimmes Schicksal«, sagte der Bürgermeister mit abwehrend erhobener Hand. »Und Sie tragen gar keine Schuld daran?« »Keine«, sagte der Jäger, »ich war Jäger, ist das etwa eine Schuld? Aufgestellt war ich als Jäger im Schwarzwald, wo es damals noch Wölfe gab. Ich lauerte auf, schoß, traf, zog das Fell ab, ist das eine Schuld? Meine Arbeit wurde gesegnet. Der große Jäger vom Schwarzwald hieß ich. Ist das eine Schuld?« »Ich bin nicht berufen, das zu entscheiden«, sagte der Bürgermeister, »doch scheint auch mir keine Schuld darin zu liegen. Aber wer trägt dann die Schuld?« »Der Bootsmann«, sagte der Jäger
[...]
»Und nun gedenken Sie bei uns in Riva zu bleiben?« fragte der Bürgermeister. »Ich gedenke nicht«, sagte der Jäger lächelnd und legte um den Spott gutzumachen die Hand auf das Knie des Bürgermeisters. »Ich bin hier, mehr weiß ich nicht, mehr kann ich nicht tun. ⌐Mein Kahn ist ohne

Steuer, er fährt mit dem Wind der in den untersten Regionen des Todes bläst.[7]«

Der Kübelreiter

Verbraucht alle Kohle; leer der Kübel; sinnlos die Schaufel; Kälte atmend der Ofen; das Zimmer vollgeblasen von Frost; vor dem Fenster Bäume starr im Reif; der Himmel, ⌜ein silberner Schild gegen den, der von ihm Hilfe will⌝. Ich muß Kohle haben; ich darf doch nicht erfrieren; hinter mir der erbarmungslose Ofen, vor mir der Himmel ebenso; infolgedessen muß ich scharf zwischendurch reiten und in der Mitte beim Kohlenhändler Hilfe suchen. Gegen meine gewöhnlichen Bitten aber ist er schon abgestumpft; ich muß ihm ganz genau nachweisen, daß ich kein einziges Kohlenstäubchen mehr habe und daß er daher für mich geradezu die Sonne am Firmament bedeutet. Ich muß kommen, wie der Bettler, der röchelnd vor Hunger an der Türschwelle verenden will und dem deshalb die Herrschaftsköchin den Bodensatz des letzten Kaffees einzuflößen sich entscheidet; ebenso muß mir der Händler, wütend, aber unter dem Strahl des Gebotes »Du sollst nicht töten!« eine Schaufel voll in den Kübel schleudern.

Meine Auffahrt schon muß es entscheiden; ich reite deshalb auf dem Kübel hin. Als Kübelreiter, die Hand oben am Griff, dem einfachsten Zaumzeug, drehe ich mich beschwerlich die Treppe hinab; unten aber steigt mein Kübel auf, prächtig, prächtig; Kameele*, niedrig am Boden hingelagert, steigen, sich schüttelnd unter dem Stock des Führers, nicht schöner auf. Durch die fest gefrorene Gasse geht es in ebenmäßigem Trab; oft werde ich bis zur Höhe der ersten Stockwerke gehoben; niemals sinke ich bis zur Haustüre hinab. Und außergewöhnlich hoch schwebe ich vor dem Kellergewölbe des Händlers, in dem er tief unten an seinem Tischchen kauert und schreibt; um die übergroße Hitze abzulassen, hat er die Tür geöffnet.

»Kohlenhändler!« rufe ich mit vor Kälte hohl gebrannter

* Schon zu Kafkas Lebzeiten veraltete Schreibweise

Stimme, in Rauchwolken des Atems gehüllt, »bitte Kohlenhändler, gib mir ein wenig Kohle. Mein Kübel ist schon so leer, daß ich auf ihm reiten kann. Sei so gut. ⌈Bis⌉ ich kann, bezahl ichs.«

Der Händler legt die Hand ans Ohr. »Hör ich recht?« fragt er über die Schulter weg seine Frau, die auf der Ofenbank strickt, »hör ich recht? Eine Kundschaft.«

»Ich höre gar nichts«, sagt die Frau, ruhig aus- und einatmend über den Stricknadeln, wohlig im Rücken gewärmt. »O ja«, rufe ich, »ich bin es; eine alte Kundschaft; treu ergeben; nur augenblicklich mittellos.«

»Frau«, sagt der Händler, »es ist, es ist jemand; so sehr kann ich mich doch nicht täuschen; eine alte, eine sehr alte Kundschaft muß es sein, die mir so zum Herzen zu sprechen weiß.«

»Was hast du, Mann?« sagt die Frau und drückt, einen Augenblick ausruhend, die Handarbeit an die Brust, »niemand ist es; die Gasse ist leer; alle unsere Kundschaft ist versorgt; wir könnten für Tage das Geschäft sperren und ausruhn.«

»Aber ich sitze doch hier auf dem Kübel«, rufe ich und gefühllose Tränen der Kälte verschleiern mir die Augen, »bitte seht doch herauf; Ihr werdet mich gleich entdecken; um eine Schaufel voll bitte ich; und gebt Ihr zwei, macht Ihr mich überglücklich. Es ist doch schon alle übrige Kundschaft versorgt. Ach, hörte ich es doch schon in dem Kübel klappern!«

»Ich komme«, sagt der Händler und kurzbeinig will er die Kellertreppe emporsteigen, aber die Frau ist schon bei ihm, hält ihn beim Arm fest und sagt: »Du bleibst. Läßt du von deinem Eigensinn nicht ab, so gehe ich hinauf. Erinnere dich an deinen schweren Husten heute nachts. Aber für ein Geschäft und sei es auch ein eingebildetes, vergißt du Frau und Kind und opferst deine Lungen. Ich gehe.« »Dann nenn ihm aber alle Sorten, die wir auf Lager haben; die

Preise rufe ich dir nach.« »Gut«, sagt die Frau und steigt zur Gasse auf. Natürlich sieht sie mich gleich.

»Frau Kohlenhändlerin«, rufe ich, »ergebenen Gruß; nur eine Schaufel Kohle; gleich hier in den Kübel; ich führe* sie selbst nach Hause; eine Schaufel von der schlechtesten. Ich bezahle sie natürlich voll, aber nicht gleich, nicht gleich.« Was für ein Glockenklang sind die zwei Worte »nicht gleich« und wie sinnverwirrend mischen sie sich mit dem ⌜Abendläuten⌝, das eben vom nahen Kirchturm zu hören ist.

»Was will er also haben?« ruft der Händler. »Nichts«, ruft die Frau zurück, »es ist ja nichts; ich sehe nichts, ich höre nichts; nur sechs Uhr läutet es und wir schließen. Ungeheuer ist die Kälte; morgen werden wir wahrscheinlich doch viel Arbeit haben.«

Sie sieht nichts und hört nichts; aber dennoch löst sie das Schürzenband und versucht mich mit der Schürze fortzuwehen. Leider gelingt es. Alle Vorzüge eines guten Reittieres hat mein Kübel; Widerstandskraft hat er nicht; zu leicht ist er; eine Frauenschürze jagt ihm die Beine vom Boden.

»Du Böse!« rufe ich noch zurück, während sie, zum Geschäft sich wendend, halb verächtlich, halb befriedigt mit der Hand in die Luft schlägt, »du Böse! Um eine Schaufel von der schlechtesten habe ich gebeten und du hast sie mir nicht gegeben.« Und damit steige ich in die Regionen der Eisgebirge und verliere mich auf ⌜Nimmerwiedersehn⌝.

(oberdt.) bringe

Der Kaiser – so heißt es – hat Dir, dem Einzelnen, dem jämmerlichen Untertanen, dem winzig vor der kaiserlichen Sonne in die fernste Ferne geflüchteten Schatten, gerade Dir hat der Kaiser von seinem Sterbebett aus eine Botschaft gesendet. Den Boten hat er beim Bett niederknieen lassen und ihm die Botschaft ins Ohr zugeflüstert; so sehr war ihm an ihr gelegen, daß er sich sie noch ins Ohr wiedersagen ließ. Durch Kopfnicken hat er die Richtigkeit des Gesagten bestätigt. Und vor der ganzen ⌐Zuschauerschaft seines To-des⌐ – alle hindernden Wände werden niedergebrochen und auf den weit und hoch sich schwingenden Freitreppen stehen im Ring die Großen des Reichs – vor allen diesen hat er den Boten abgefertigt. Der Bote hat sich gleich auf den Weg gemacht; ein kräftiger, ein unermüdlicher Mann; einmal diesen, einmal den andern Arm vorstreckend schafft er sich Bahn durch die Menge; findet er Widerstand, zeigt er auf die Brust, wo das Zeichen der Sonne ist; er kommt auch leicht vorwärts, wie kein anderer. Aber die Menge ist so groß; ihre Wohnstätten nehmen kein Ende. Öffnete sich freies Feld, wie würde er fliegen und bald wohl hörtest Du das herrliche Schlagen seiner Fäuste an Deiner Tür. Aber statt dessen, wie nutzlos müht er sich ab; immer noch zwängt er sich durch die Gemächer des innersten Palastes; niemals wird er sie überwinden; und gelänge ihm dies, nichts wäre gewonnen; die Treppen hinab müßte er sich kämpfen; und gelänge ihm dies, nichts wäre gewonnen; die Höfe wären zu durchmessen; und nach den Höfen der zweite umschließende Palast; und wieder Treppen und Höfe; und wieder ein Palast; und so weiter durch Jahrtausende; und stürzte er endlich aus dem äußersten Tor – aber niemals, niemals kann es geschehen – liegt erst die Residenzstadt vor ihm, die Mitte der Welt, hochgeschüttet voll ihres Bodensatzes. Niemand dringt hier durch und gar mit der Botschaft eines Toten. – Du aber sitzt an Deinem Fenster und erträumst sie Dir, wenn der Abend kommt.

»Mein Geschäft ruht ganz auf meinen Schultern . . . «
(*Der Nachbar*)

Mein Geschäft ruht ganz auf meinen Schultern. Zwei
Fräulein mit Schreibmaschinen und Geschäftsbüchern im
Vorzimmer, mein Zimmer mit Schreibtisch, Kassa, Bera- 5
tungstisch, Klubsessel und Telephon, das ist mein ganzer
Arbeitsapparat. So einfach zu überblicken, so leicht zu führen. Ich bin jung und die Geschäfte rollen vor mir her, ich
klage nicht. Ich klage nicht. Seit Neujahr hat ein junger
Mann die kleine leerstehende ⌐Nebenwohnung⌐, die ich 10
ungeschickter Weise so lange zu mieten gezögert habe,
frischweg gemietet. Auch ein Zimmer mit Vorzimmer, ⌐au-
ßerdem aber noch eine Küche⌐. Zimmer und Vorzimmer
hätte ich wohl brauchen können, meine zwei Fräulein fühlen sich schon manchmal überlastet – aber wozu hätte mir 15
die Küche gedient. Dieses kleinliche Bedenken war daran
schuld, daß ich mir die Wohnung habe wegnehmen lassen.
Nun sitzt dort dieser junge Mann. ⌐Harras⌐ heißt er. Was er
dort eigentlich macht weiß ich nicht. Auf der Tür steht nur
»Harras, Bureau*«. Ich habe Erkundigungen eingezogen, 20
man hat mir mitgeteilt es sei ein Geschäft ähnlich dem mei-
nigen, vor Kreditgewährung könne man nicht geradezu
warnen, denn es handle sich doch um einen jungen auf-
strebenden Mann, dessen Sache vielleicht Zukunft habe,
doch könne man zum Kredit auch nicht geradezu raten, 25
denn gegenwärtig sei allem Anschein nach kein Vermögen
vorhanden. Die übliche Auskunft, die man gibt, wenn man
nichts weiß. Manchmal treffe ich Harras auf der Treppe, er
muß es immer außerordentlich eilig haben, er huscht förmlich an mir vorüber, genau gesehn habe ich ihn noch gar 30
nicht, den Bureauschlüssel hält er schon vorbereitet in der
Hand, im Augenblick hat er die Tür geöffnet, wie der
Schwanz einer Ratte ist er hineingeglitten, und ich stehe

Franz. Schrei-
bung für: Büro

nur wieder vor der Tafel »Harras, Bureau«, die ich schon
viel öfter gelesen habe, als sie es verdient. Die elend dünnen
Wände, die den ehrlich tätigen Mann verraten, den Unehr-
lichen aber decken. Mein Telephon ist an der Zimmerwand
5 angebracht die mich von meinem Nachbar trennt, doch
hebe ich das bloß als besonders ironische Tatsache hervor,
selbst wenn es an der entgegengesetzten Wand hieng*, würde man in der Nebenwohnung alles hören. Ich habe mir
abgewöhnt, den Namen der Kunden beim Telephon zu
10 nennen, aber es gehört natürlich nicht viel Schlauheit dazu,
aus charakteristischen aber unvermeidlichen Wendungen
des Gesprächs die Namen zu erraten. Manchmal umtanze
ich, die Hörmuschel am Ohr, von Unruhe gestachelt, auf
den Fußspitzen den Apparat, und kann es doch nicht ver-
15 hüten daß Geheimnisse preisgegeben werden. Natürlich
werden dadurch beim Telephonieren auch meine geschäftlichen Entscheidungen unsicherer, meine Stimme zittrig.
Was macht Harras, während ich telephoniere? Wollte ich
sehr übertreiben, aber das muß man oft, um sich Klarheit
20 zu verschaffen, so könnte ich sagen: Harras braucht kein
Telephon, er benutzt meines, er hat sein Kanapee* an die
Wand gerückt und horcht, ich dagegen muß, wenn geläutet
wird zum Telephon laufen, die Wünsche des Kunden ent-
gegennehmen, schwerwiegende Entschlüsse fassen, groß-
25 angelegte Überredungen ausführen, vor allem aber während des Ganzen unwillkürlich durch die Zimmerwand
Harras Bericht erstatten. Vielleicht wartet er gar nicht das
Ende des Gespräches ab, sondern erhebt sich nach der Ge-
sprächsstelle die ihn über den Fall genügend aufgeklärt hat,
30 huscht nach seiner Gewohnheit durch die Stadt und ehe ich
die Hörmuschel aufgehängt habe, ist er vielleicht schon
daran, mir entgegenzuarbeiten.

(oberdt.)
hing[e]

Veraltet für:
Sofa

Ein Bericht für eine Akademie

Hohe Herren von der Akademie!

Sie erweisen mir die Ehre, mich aufzufordern, der Akademie einen ⌐Bericht über mein äffisches Vorleben einzureichen⌐.

In diesem Sinne kann ich leider der Aufforderung nicht nachkommen. ⌐Nahezu fünf Jahre⌐ trennen mich vom Affentum, eine Zeit, kurz vielleicht am Kalender gemessen, unendlich lang aber durchzugaloppieren, so wie ich es getan habe, streckenweise begleitet von vortrefflichen Menschen, Ratschlägen, Beifall und Orchestralmusik, aber im Grunde allein, denn alle Begleitung hielt sich, um im Bilde zu bleiben, weit vor der Barriere. Diese Leistung wäre unmöglich gewesen, wenn ich eigensinnig hätte an meinem Ursprung, an den Erinnerungen der Jugend festhalten wollen. Gerade Verzicht auf jeden Eigensinn war das oberste Gebot, das ich mir auferlegt hatte; ich, freier Affe, fügte mich diesem Joch. Dadurch verschlossen sich mir aber ihrerseits die Erinnerungen immer mehr. War mir zuerst die Rückkehr, wenn die Menschen gewollt hätten, freigestellt durch das ganze Tor, das der Himmel über der Erde bildet, wurde es gleichzeitig mit meiner vorwärts gepeitschten Entwicklung immer niedriger und enger; wohler und eingeschlossener fühlte ich mich in der Menschenwelt; der Sturm, der mir aus meiner Vergangenheit nachblies, sänftigte sich; heute ist es nur ein Luftzug, der mir die Fersen kühlt; und das Loch in der Ferne, durch das er kommt und durch das ich einstmals kam, ist so klein geworden, daß ich, wenn überhaupt die Kräfte und der Wille hinreichen würden, um bis dorthin zurückzulaufen, das Fell vom Leib mir schinden* müßte, um durchzukommen. Offen gesprochen, so gerne ich auch Bilder wähle für diese Dinge,

Eigentl.: die Haut abziehen

offen gesprochen: Ihr Affentum, meine Herren, soferne Sie
etwas Derartiges hinter sich haben, kann Ihnen nicht ferner
sein als mir das meine. An der Ferse aber kitzelt es jeden,
der hier auf Erden geht: den kleinen Schimpansen wie den
5 großen ⌐Achilles⌐.

In eingeschränktestem Sinn aber kann ich doch vielleicht
Ihre Anfrage beantworten und ich tue es sogar mit großer
Freude. Das erste, was ich lernte, war: den Handschlag
geben; Handschlag bezeugt Offenheit; mag nun heute, wo
10 ich auf dem Höhepunkte meiner Laufbahn stehe, zu jenem
ersten Handschlag auch das offene Wort hinzukommen. Es
wird für die Akademie nichts wesentlich Neues beibringen
und weit hinter dem zurückbleiben, was man von mir verlangt hat und was ich beim besten Willen nicht sagen kann –
15 immerhin, es soll die Richtlinie zeigen, auf welcher ein ge-
wesener Affe in die Menschenwelt eingedrungen ist und
sich dort festgesetzt hat. Doch dürfte ich selbst das Gering-
fügige, was folgt, gewiß nicht sagen, wenn ich meiner nicht
völlig sicher wäre und meine Stellung auf allen großen Va-
20 rietébühnen der zivilisierten Welt sich nicht bis zur Uner-
schütterlichkeit gefestigt hätte:

Ich stamme von der Goldküste*. Darüber, wie ich eingefangen wurde, bin ich auf fremde Berichte angewiesen.
Eine Jagdexpedition der ⌐Firma Hagenbeck⌐ – mit dem
25 Führer habe ich übrigens seither schon manche gute Flasche Rotwein geleert – lag im Ufergebüsch auf dem An-
stand, als ich am Abend inmitten eines Rudels zur Tränke
lief. Man schoß; ich war der einzige, der getroffen wurde;
ich bekam zwei Schüsse.

30 Einen in die Wange; der war leicht; hinterließ aber eine
große ausrasierte rote Narbe, die mir den widerlichen,
ganz und gar unzutreffenden, förmlich von einem Affen
erfundenen Namen Rotpeter eingetragen hat, so als unterschiede ich mich von dem unlängst krepierten, hie und da
35 bekannten, dressierten Affentier Peter nur durch den roten
Fleck auf der Wange. Dies nebenbei.

*Küstenabschnitt am Golf von Guinea und ehem. brit. Kolonie; heute Ghana

Der zweite Schuß traf mich ⌜unterhalb der Hüfte⌝. Er war schwer, er hat es verschuldet, daß ich noch heute ein wenig hinke. Letzthin las ich in einem Aufsatz irgendeines der zehntausend Windhunde, die sich in den Zeitungen über mich auslassen: meine Affennatur sei noch nicht ganz unterdrückt; Beweis dessen sei, daß ich, wenn Besucher kommen, mit Vorliebe die Hosen ausziehe, um die Einlaufstelle jenes Schusses zu zeigen. Dem Kerl sollte jedes Fingerchen seiner schreibenden Hand einzeln weggeknallt werden. Ich, ich darf meine Hosen ausziehen, vor wem es mir beliebt; man wird dort nichts finden als einen wohlgepflegten ⌜Pelz⌝ und die Narbe nach einem – wählen wir hier zu einem bestimmten Zwecke ein bestimmtes Wort, das aber nicht mißverstanden werden wolle – die Narbe nach einem frevelhaften Schuß. Alles liegt offen zutage; nichts ist zu verbergen; kommt es auf Wahrheit an, wirft jeder Großgesinnte die allerfeinsten Manieren ab. Würde dagegen jener Schreiber die Hosen ausziehen, wenn Besuch kommt, so hätte dies allerdings ein anderes Ansehen und ich will es als Zeichen der Vernunft gelten lassen, daß er es nicht tut. Aber dann mag er mir auch mit seinem Zartsinn vom Halse bleiben!

Nach jenen Schüssen erwachte ich – und hier beginnt allmählich meine eigene Erinnerung – in einem Käfig im Zwischendeck des Hagenbeckschen Dampfers. Es war kein vierwandiger Gitterkäfig; vielmehr waren nur drei Wände an einer Kiste festgemacht; die Kiste also bildete die vierte Wand. Das Ganze war zu niedrig zum Aufrechtstehen und zu schmal zum Niedersitzen. Ich hockte deshalb mit eingebogenen, ewig zitternden Knien, und zwar, da ich zunächst wahrscheinlich niemanden sehen und immer nur im Dunkel sein wollte, zur Kiste gewendet, während sich mir hinten die Gitterstäbe ins Fleisch einschnitten. Man hält eine solche Verwahrung wilder Tiere in der allerersten Zeit für vorteilhaft, und ich kann heute nach meiner Erfahrung nicht leugnen, daß dies im menschlichen Sinn tatsächlich der Fall ist.

Daran dachte ich aber damals nicht. Ich war zum erstenmal in meinem Leben ohne ⌐Ausweg⌐; zumindest geradeaus ging es nicht; geradeaus vor mir war die Kiste, Brett fest an Brett gefügt. Zwar war zwischen den Brettern eine durchlaufende Lücke, die ich, als ich sie zuerst entdeckte, mit dem glückseligen Heulen des Unverstandes begrüßte, aber diese Lücke reichte bei weitem nicht einmal zum Durchstecken des ⌐Schwanzes⌐ aus und war mit aller Affenkraft nicht zu verbreitern.

Ich soll, wie man mir später sagte, ungewöhnlich wenig Lärm gemacht haben, woraus man schloß, daß ich entweder bald eingehen müsse oder daß ich, falls es mir gelingt, die erste kritische Zeit zu überleben, sehr dressurfähig sein werde. Ich überlebte diese Zeit. Dumpfes Schluchzen, schmerzhaftes Flöhesuchen, müdes Lecken einer Kokosnuß, Beklopfen der Kistenwand mit dem Schädel, Zungen-Blecken, wenn mir jemand nahekam, – das waren die ersten Beschäftigungen in dem neuen Leben. In alledem aber doch nur das eine Gefühl: kein Ausweg. Ich kann natürlich das damals affenmäßig Gefühlte heute nur mit Menschenworten nachzeichnen und verzeichne es infolgedessen, aber wenn ich auch die alte Affenwahrheit nicht mehr erreichen kann, wenigstens in der Richtung meiner Schilderung liegt sie, daran ist kein Zweifel.

Ich hatte doch so viele Auswege bisher gehabt und nun keinen mehr. Ich war festgerannt. Hätte man mich angenagelt, meine Freizügigkeit wäre dadurch nicht kleiner geworden. Warum das? Kratz dir das Fleisch zwischen den Fußzehen auf, du wirst den Grund nicht finden. Drück dich hinten gegen die Gitterstange, bis sie dich fast zweiteilt, du wirst den Grund nicht finden. Ich hatte keinen Ausweg, mußte mir ihn aber verschaffen, denn ohne ihn konnte ich nicht leben. Immer an dieser Kistenwand – ich wäre unweigerlich verreckt. Aber Affen gehören bei Hagenbeck an die Kistenwand – nun, so hörte ich auf, Affe zu sein. Ein klarer, schöner Gedankengang, den ich irgendwie mit dem Bauch ausgeheckt haben muß, denn Affen denken mit dem Bauch.

Ich habe Angst, daß man nicht genau versteht, was ich unter Ausweg verstehe. Ich gebrauche das Wort in seinem gewöhnlichsten und vollsten Sinn. Ich sage absichtlich nicht Freiheit. Ich meine nicht dieses große Gefühl der Freiheit nach allen Seiten. Als Affe kannte ich es vielleicht und ich habe Menschen kennen gelernt, die sich danach sehnen. Was mich aber anlangt, verlangte ich Freiheit weder damals noch heute. Nebenbei: mit Freiheit betrügt man sich unter Menschen allzuoft. Und so wie die Freiheit zu den erhabensten Gefühlen zählt, so auch die entsprechende Täuschung zu den erhabensten. Oft habe ich in den Varietés vor meinem Auftreten irgendein Künstlerpaar oben an der Decke an ⸢Trapezen⸣ hantieren sehen. Sie schwangen sich, sie schaukelten, sie sprangen, sie schwebten einander in die Arme, einer trug den anderen an den Haaren mit dem Gebiß. »Auch das ist Menschenfreiheit«, dachte ich, »selbstherrliche Bewegung.« Du Verspottung der heiligen Natur! Kein Bau würde standhalten vor dem Gelächter des Affentums bei diesem Anblick.

Nein, Freiheit wollte ich nicht. Nur einen Ausweg; rechts, links, wohin immer; ich stellte keine anderen Forderungen; sollte der Ausweg auch nur eine Täuschung sein; die Forderung war klein, die Täuschung würde nicht größer sein. Weiterkommen, weiterkommen! Nur nicht mit aufgehobenen Armen stillestehn, angedrückt an eine Kistenwand. Heute sehe ich klar: ohne größte innere Ruhe hätte ich nie entkommen können. Und tatsächlich verdanke ich vielleicht alles, was ich geworden bin, der Ruhe, die mich nach den ersten Tagen dort im Schiff überkam. Die Ruhe wiederum aber verdankte ich wohl den Leuten vom Schiff.

Es sind gute Menschen, trotz allem. Gerne erinnere ich mich noch heute an den Klang ihrer schweren Schritte, der damals in meinem Halbschlaf widerhallte. Sie hatten die Gewohnheit, alles äußerst langsam in Angriff zu nehmen.
5 Wollte sich einer die Augen reiben, so hob er die Hand wie ein Hängegewicht. Ihre Scherze waren grob, aber herzlich. Ihr Lachen war immer mit einem gefährlich klingenden aber nichts bedeutenden Husten gemischt. Immer hatten sie im Mund etwas zum Ausspeien und wohin sie ausspeien
10 war ihnen gleichgültig. Immer klagten sie, daß meine Flöhe auf sie überspringen; aber doch waren sie mir deshalb niemals ernstlich böse; sie wußten eben, daß in meinem Fell Flöhe gedeihen und daß Flöhe Springer sind; damit fanden sie sich ab. Wenn sie dienstfrei waren, setzten sich manch-
15 mal einige im Halbkreis um mich nieder; sprachen kaum, sondern gurrten einander nur zu; rauchten, auf Kisten ausgestreckt, die Pfeife; schlugen sich aufs Knie, sobald ich die geringste Bewegung machte; und hie und da nahm einer einen Stecken und ⌐kitzelte mich dort, wo es mir angenehm
20 war⌐. Sollte ich heute eingeladen werden, eine Fahrt auf diesem Schiffe mitzumachen, ich würde die Einladung gewiß ablehnen, aber ebenso gewiß ist, daß es nicht nur häßliche Erinnerungen sind, denen ich dort im Zwischendeck nachhängen könnte.
25 Die Ruhe, die ich mir im Kreise dieser Leute erwarb, hielt mich vor allem von jedem Fluchtversuch ab. Von heute aus gesehen scheint es mir, als hätte ich zumindest geahnt, daß ich einen Ausweg finden müsse, wenn ich leben wolle, daß dieser Ausweg aber nicht durch Flucht zu erreichen sei. Ich
30 weiß nicht mehr, ob Flucht möglich war, aber ich glaube es; einem Affen sollte Flucht immer möglich sein. Mit meinen heutigen Zähnen muß ich schon beim gewöhnlichen Nüsseknacken vorsichtig sein, damals aber hätte es mir wohl im Lauf der Zeit gelingen müssen, das Türschloß
35 durchzubeißen. Ich tat es nicht. Was wäre damit auch ge-

wonnen gewesen? Man hätte mich, kaum war der Kopf hinausgesteckt, wieder eingefangen und in einen noch schlimmeren Käfig gesperrt; oder ich hätte mich unbemerkt zu anderen Tieren, etwa zu den Riesenschlangen mir gegenüber flüchten können und mich in ihren Umarmungen ausgehaucht; oder es wäre mir gar gelungen, mich bis aufs Deck zu stehlen und über Bord zu springen, dann hätte ich ein Weilchen auf dem Weltmeer geschaukelt und wäre ersoffen. Verzweiflungstaten. Ich rechnete nicht so menschlich, aber unter dem Einfluß meiner Umgebung verhielt ich mich so, wie wenn ich gerechnet hätte.

Ich rechnete nicht, wohl aber beobachtete ich in aller Ruhe. Ich sah diese Menschen auf und ab gehen, immer die gleichen Gesichter, die gleichen Bewegungen, oft schien es mir, als wäre es nur einer. Dieser Mensch oder diese Menschen gingen also unbehelligt. Ein hohes Ziel dämmerte mir auf. Niemand versprach mir, daß, wenn ich so wie sie werden würde, das Gitter aufgezogen werde. Solche Versprechungen für scheinbar unmögliche Erfüllungen werden nicht gegeben. Löst man aber die Erfüllungen ein, erscheinen nachträglich auch die Versprechungen genau dort, wo man sie früher vergeblich gesucht hat. Nun war an diesen Menschen an sich nichts, was mich sehr verlockte. Wäre ich ein Anhänger jener erwähnten Freiheit, ich hätte gewiß das Weltmeer dem Ausweg vorgezogen, der sich mir im trüben Blick dieser Menschen zeigte. Jedenfalls aber beobachtete ich sie schon lange vorher, ehe ich an solche Dinge dachte, ja die angehäuften Beobachtungen drängten mich erst in die bestimmte Richtung.

Es war so leicht, die Leute nachzuahmen. Spucken konnte ich schon in den ersten Tagen. Wir spuckten einander dann gegenseitig ins Gesicht; der Unterschied war nur, daß ich mein Gesicht nachher reinleckte, sie ihres nicht. Die Pfeife rauchte ich bald wie ein Alter; drückte ich dann auch noch den Daumen in den Pfeifenkopf, jauchzte das ganze Zwischendeck; nur den Unterschied zwischen der leeren und der gestopften Pfeife verstand ich lange nicht.

Die meiste Mühe machte mir die ⌈Schnapsflasche⌉. Der Geruch peinigte mich; ich zwang mich mit allen Kräften; aber es vergingen Wochen, ehe ich mich überwand. Diese inneren Kämpfe nahmen die Leute merkwürdigerweise ernster als irgend etwas sonst an mir. Ich unterscheide die Leute auch in meiner Erinnerung nicht, aber da war einer, der kam immer wieder, allein oder mit Kameraden, bei Tag, bei Nacht, zu den verschiedensten Stunden; stellte sich mit der Flasche vor mich hin und gab mir Unterricht. Er begriff mich nicht, er wollte das Rätsel meines Seins lösen. Er entkorkte langsam die Flasche und blickte mich dann an, um zu prüfen, ob ich verstanden habe; ich gestehe, ich sah ihm immer mit wilder, mit überstürzter Aufmerksamkeit zu; einen solchen Menschenschüler findet kein Menschenlehrer auf dem ganzen Erdenrund; nachdem die Flasche entkorkt war, hob er sie zum Mund; ich mit meinen Blicken ihm nach bis in die Gurgel; er nickt, zufrieden mit mir, und setzt die Flasche an die Lippen; ich, entzückt von allmählicher Erkenntnis, kratze mich quietschend der Länge und Breite nach, wo es sich trifft; er freut sich, setzt die Flasche an und macht einen Schluck; ich, ungeduldig und verzweifelt, ihm nachzueifern, verunreinige mich in meinem Käfig, was wieder ihm große Genugtuung macht; und nun weit die Flasche von sich streckend und im Schwung sie wieder hinaufführend, trinkt er sie, übertrieben lehrhaft zurückgebeugt, mit einem Zuge leer. Ich, ermattet von allzugroßem Verlangen, kann nicht mehr folgen und hänge schwach am Gitter, während er den theoretischen Unterricht damit beendet, daß er sich den Bauch streicht und grinst.

Nun erst beginnt die praktische Übung. Bin ich nicht schon allzu erschöpft durch das Theoretische? Wohl, allzu erschöpft. Das gehört zu meinem Schicksal. Trotzdem greife ich, so gut ich kann, nach der hingereichten Flasche; entkorke sie zitternd; mit dem Gelingen stellen sich allmählich neue Kräfte ein; ich hebe die Flasche, vom Original schon kaum zu unterscheiden; setze sie an und – und werfe sie mit Abscheu, mit Abscheu, trotzdem sie leer ist und nur noch der Geruch sie füllt, werfe sie mit Abscheu auf den Boden. Zur Trauer meines Lehrers, zur größeren Trauer meiner selbst; weder ihn, noch mich versöhne ich dadurch, daß ich auch nach dem Wegwerfen der Flasche nicht vergesse, ausgezeichnet meinen Bauch zu streichen und dabei zu grinsen.

Allzuoft nur verlief so der Unterricht. Und zur Ehre meines Lehrers: er war mir nicht böse; wohl hielt er mir manchmal die brennende Pfeife ans Fell, bis es irgendwo, wo ich nur schwer hinreiche, zu glimmen anfing, aber dann löschte er es selbst wieder mit seiner ⌜riesigen guten Hand⌝; er war mir nicht böse, er sah ein, daß wir auf der gleichen Seite gegen die Affennatur kämpften und daß ich den schwereren Teil hatte.

Was für ein Sieg dann allerdings für ihn wie für mich, als ich eines Abends vor großem Zuschauerkreis – vielleicht war ein Fest, ein Grammophon spielte, ein Offizier erging sich zwischen den Leuten – als ich an diesem Abend, gerade unbeachtet, eine vor meinem Käfig versehentlich stehen gelassene Schnapsflasche ergriff, unter steigender Aufmerksamkeit der Gesellschaft sie schulgerecht entkorkte, an den Mund setzte und ohne Zögern, ohne Mundverziehen, als Trinker von Fach, mit rund gewälzten Augen, schwappender Kehle, wirklich und wahrhaftig leer trank; nicht mehr als Verzweifelter, sondern als Künstler die Flasche hinwarf, zwar vergaß den Bauch zu streichen; dafür aber, weil ich nicht anders konnte, weil es mich drängte, weil mir die Sinne rauschten, kurz und gut »Hallo!« ausrief, in Menschenlaut ausbrach, mit diesem Ruf in die Menschengemeinschaft sprang und ihr Echo: »Hört nur, er spricht!« wie einen Kuß auf meinem ganzen schweißtriefenden Körper fühlte.

Ich wiederhole: es verlockte mich nicht, die Menschen nachzuahmen; ich ahmte nach, weil ich einen Ausweg suchte, aus keinem anderen Grund. Auch war mit jenem Sieg noch wenig getan. Die Stimme versagte mir sofort wieder; stellte sich erst nach Monaten ein; der Widerwille gegen die Schnapsflasche kam sogar noch verstärkter. Aber meine Richtung allerdings war mir ein für allemal gegeben.

Als ich in Hamburg dem ersten Dresseur übergeben wurde, erkannte ich bald die zwei Möglichkeiten, die mir offen standen: Zoologischer Garten oder Varieté. Ich zögerte nicht. Ich sagte mir: setze alle Kraft an, um ins Varieté zu kommen; das ist der Ausweg; Zoologischer Garten ist nur ein neuer Gitterkäfig; kommst du in ihn, bist du verloren.

Und ich lernte, meine Herren. Ach, man lernt, wenn man muß; man lernt, wenn man einen Ausweg will; man lernt rücksichtslos. ⌈Man beaufsichtigt sich selbst mit der Peitsche⌉; man zerfleischt sich beim geringsten Widerstand. Die Affennatur raste, sich überkugelnd, aus mir hinaus und weg, so daß mein erster Lehrer selbst davon fast äffisch wurde, bald den Unterricht aufgeben und in eine Heilanstalt gebracht werden mußte. Glücklicherweise kam er wieder bald hervor.

Aber ich verbrauchte viele Lehrer, ja sogar einige Lehrer gleichzeitig. Als ich meiner Fähigkeiten schon sicherer geworden war, die Öffentlichkeit meinen Fortschritten folgte, meine Zukunft zu leuchten begann, nahm ich selbst Lehrer auf, ließ sie in fünf aufeinanderfolgenden Zimmern niedersetzen und lernte bei allen zugleich, indem ich ununterbrochen aus einem Zimmer ins andere sprang.

Diese Fortschritte! Dieses Eindringen der Wissensstrahlen von allen Seiten ins erwachende Hirn! Ich leugne nicht: es beglückte mich. Ich gestehe aber auch ein: ich überschätzte es nicht, schon damals nicht, wieviel weniger heute. Durch eine Anstrengung, die sich bisher auf der Erde nicht wiederholt hat, habe ich die Durchschnittsbildung eines Europäers erreicht. Das wäre an sich vielleicht gar nichts, ist aber insofern doch etwas, als es mir aus dem Käfig half und mir diesen besonderen Ausweg, diesen Menschenausweg verschaffte. Es gibt eine ausgezeichnete deutsche ⌈Redensart: sich in die Büsche schlagen⌉; das habe ich getan, ich habe mich in die Büsche geschlagen. Ich hatte keinen anderen Weg, immer vorausgesetzt, daß nicht die Freiheit zu wählen war.

Überblicke ich meine Entwicklung und ihr bisheriges Ziel, so klage ich weder, noch bin ich zufrieden. Die Hände in den Hosentaschen, die Weinflasche auf dem Tisch, liege ich halb, halb sitze ich im Schaukelstuhl und schaue aus dem Fenster. Kommt Besuch, empfange ich ihn, wie es sich gebührt. Mein Impresario* sitzt im Vorzimmer; läute ich, kommt er und hört, was ich zu sagen habe. Am Abend ist fast immer Vorstellung, und ich habe wohl kaum mehr zu steigernde Erfolge. Komme ich spät nachts von Banketten*, aus wissenschaftlichen Gesellschaften, aus gemütlichem Beisammensein nach Hause, erwartet mich eine kleine halbdressierte Schimpansin und ich lasse es mir nach Affenart bei ihr wohlgehen. Bei Tag will ich sie nicht sehen; sie hat nämlich den Irrsinn des verwirrten dressierten Tieres im Blick; das erkenne nur ich und ich kann es nicht ertragen.

Im Ganzen habe ich jedenfalls erreicht, was ich erreichen wollte. Man sage nicht, es wäre der Mühe nicht wert gewesen. Im übrigen will ich keines Menschen Urteil, ich will nur Kenntnisse verbreiten, ich berichte nur, auch Ihnen, hohe Herren von der Akademie, habe ich nur berichtet.

Veraltet für:
Manager eines
Bühnenstars

Festessen

Ein Bericht für eine Akademie

»Beweis dessen, daß auch unzulängliche . . . «
(*Das Schweigen der Sirenen*)

⌜Beweis⌝ dessen, daß auch unzulängliche, ja ⌜kindische
Mittel zur Rettung⌝ dienen können.

5 Um sich vor den Sirenen* zu bewahren, stopfte sich Odysseus ⌜Wachs in die Ohren⌝ und ließ sich am Mast ⌜fest-
schmieden⌝. Ähnliches hätten natürlich seit jeher alle Reisenden tun können (außer jenen welche die Sirenen schon
aus der Ferne verlockten) aber es war in der ganzen Welt
10 bekannt, daß das unmöglich helfen konnte. Der Gesang
der Sirenen durchdrang alles, gar Wachs, und die Leiden-
schaft der Verführten hätte mehr als Ketten und Mast gesprengt. Daran nun dachte aber Odysseus nicht obwohl er
davon vielleicht gehört hatte, er vertraute vollständig der
15 Handvoll Wachs und dem Gebinde Ketten und in unschul-
diger Freude über seine Mittelchen fuhr er den Sirenen entgegen.
Nun haben aber die Sirenen eine noch schrecklichere Waffe als ihren Gesang, nämlich ihr Schweigen. Es ist zwar
20 nicht geschehn, aber vielleicht denkbar, daß sich jemand
vor ihrem Gesange gerettet hätte, vor ihrem Verstummen
gewiß nicht. Dem Gefühl aus eigener Kraft sie besiegt zu
haben, der daraus folgenden alles fortreißenden Überhebung kann nichts Irdisches widerstehn.
25 Und tatsächlich sangen, als Odysseus kam, diese gewalti-
gen Sängerinnen nicht, sei es daß sie glaubten, diesem Gegner könne nur noch das Schweigen beikommen, sei es daß
der Anblick der Glückseligkeit im Gesicht des Odysseus,
der an nichts anderes als an Wachs und Ketten dachte, sie
30 allen Gesang vergessen ließ.
Odysseus aber, um es so auszudrücken, hörte ihr Schweigen nicht, er glaubte, sie sängen und nur er sei behütet es zu
hören, flüchtig sah er zuerst die ⌜Wendungen ihrer Hälse,

*Frauen mit Vogelkörpern, die mit ihrem Gesang Seeleute ins Verderben locken (griech. Mythos)

das Tiefatmen, die tränenvollen Augen, den halb geöffneten Mund⌐, glaubte aber, dies gehöre zu den Arien die ungehört um ihn erklangen. Bald aber glitt alles an seinen in die Ferne gerichteten Blicken ab, die Sirenen verschwanden ihm förmlich und gerade als er ihnen am nächsten war, wußte er nichts mehr von ihnen.

Sie aber, schöner als jemals, streckten und drehten sich, ließen das schaurige Haar offen im Wind wehn, spannten die Krallen frei auf den Felsen, sie wollten nicht mehr verführen, nur noch den ⌐Abglanz⌐ vom großen Augenpaar des Odysseus wollten sie solange als möglich erhaschen.

Hätten die Sirenen Bewußtsein, sie wären damals vernichtet worden, so aber blieben sie, nur Odysseus ist ihnen entgangen.

Es wird übrigens noch ein Anhang hiezu überliefert. Odysseus, sagt man, war so listenreich, war ein solcher Fuchs, daß selbst die Schicksalsgöttin nicht in sein Innerstes dringen konnte, vielleicht hat er, obwohl das mit Menschenverstand nicht mehr zu begreifen ist, wirklich gemerkt, daß die Sirenen schwiegen und hat ihnen und den Göttern den ⌐obigen⌐ Scheinvorgang nur gewissermaßen als Schild entgegengehalten.

»Beweis dessen, daß auch unzulängliche . . . «

»Die Sage versucht das Unerklärliche . . . «
(*Prometheus*)

⌐Die Sage versucht das Unerklärliche zu erklären; da sie aus
einem Wahrheitsgrund kommt, muß sie wieder im Uner-
5 klärlichen enden.⌐
Von ⌐Prometheus⌐ berichten ⌐vier Sagen⌐. Nach der ersten
wurde er weil er die Götter an die Menschen verraten hatte
am Kaukasus festgeschmiedet und die Götter schickten
Adler, die von seiner immer nachwachsenden Leber fra-
10 ßen.
Nach der zweiten drückte sich Prometheus im Schmerz vor
den zuhackenden Schnäbeln immer tiefer in den Felsen bis
er mit ihm eins wurde.
Nach der dritten wurde in den Jahrtausenden sein Verrat
15 ⌐vergessen⌐, die Götter vergaßen, die Adler, er selbst.
Nach der vierten wurde man des grundlos Gewordenen
müde. Die Götter wurden müde, die Adler. Die Wunde
schloß sich müde.
⌐Blieb⌐ das unerklärliche Felsgebirge.

Alles ⌐fügte sich⌐ ihm zum Bau. Fremde Arbeiter brachten die Marmorsteine, zubehauen und zueinandergehörig. Nach den abmessenden Bewegungen seiner Finger hoben sich die Steine und verschoben sich. Kein ⌐Bau entstand jemals so leicht wie dieser Tempel⌐ oder vielmehr dieser Tempel entstand nach wahrer Tempelart. Nur daß auf jedem Stein – aus welchem ⌐Bruche⌐ stammten sie? – ⌐unbeholfenes Gekritzel sinnloser Kinderhände⌐ oder vielmehr ⌐Eintragungen⌐ barbarischer Gebirgsbewohner zum Ärger oder zur Schändung oder zu völliger Zerstörung mit offenbar großartig scharfen Instrumenten für eine den Tempel überdauernde Ewigkeit eingeritzt waren.

»›Ach‹, sagte die Maus . . . «
(*Kleine Fabel*)

»Ach«, sagte die Maus, »die Welt wird enger mit jedem
Tag. Zuerst war sie so weit, daß ich Angst davor hatte,
5 dann lief ich weiter, da stiegen schon rechts und links in der
Ferne Mauern auf, und jetzt – es ist ja noch gar nicht lange
her, seitdem ich zu laufen angefangen habe – bin ich in dem
mir bestimmten Zimmer und dort in der Ecke steht die
Falle, in die ich laufe.« »Du mußt die Laufrichtung än-
10 dern«, sagte die Katze und fraß sie auf.

»Ach«, sagte die Maus, »die Welt wird ⌈enger⌉ mit jedem
Tag. Zuerst war sie so breit, daß ich Angst hatte, ich lief
weiter und war glücklich daß ich endlich rechts und links in
der Ferne Mauern sah, aber diese langen Mauern eilen so
15 schnell auf einander zu daß ich schon im letzten Zimmer
bin und dort im Winkel steht die ⌈Falle⌉, in die ich laufe.«
»Du mußt nur die Laufrichtung ändern«, sagte die Katze
und fraß sie.

»Ein Philosoph trieb sich immer dort herum . . . «
(*Der Kreisel*)

Ein Philosoph trieb sich immer dort herum wo Kinder
spielten. Und sah er einen Jungen, der einen Kreisel hatte
lauerte er schon. Kaum war der ⌜Kreisel⌝ in Drehung, ver- 5
folgte ihn der Philosoph um ihn zu fangen. Daß die Kinder
lärmten und ihn von ihrem Spielzeug abzuhalten suchten
kümmerte ihn nicht, hatte er den Kreisel, solange er sich
noch drehte, gefangen, war er glücklich, aber nur einen
Augenblick, dann warf er ihn zu Boden und ging fort. Er 10
glaubte nämlich, die Erkenntnis jeder Kleinigkeit, ⌜also
z. B.⌝ auch eines sich drehenden Kreisels genüge zur Erkenntnis des Allgemeinen. Darum beschäftigte er sich nicht
mit den großen Problemen, das schien ihm unökonomisch,
war die kleinste Kleinigkeit wirklich erkannt, dann war 15
alles erkannt, deshalb beschäftigte er sich nur mit dem sich
drehenden Kreisel. Und immer wenn die Vorbereitungen
zum Drehen des Kreisels gemacht wurden, hatte er Hoffnung, nun werde es gelingen und drehte sich der Kreisel,
wurde ihm im atemlosen Laufen nach ihm die Hoffnung 20
zur Gewißheit, hielt er aber dann das dumme Holzstück in
der Hand, wurde ihm übel und das Geschrei der Kinder,
das er bisher nicht gehört hatte und das ihm jetzt plötzlich
in die Ohren fuhr, jagte ihn fort, er ⌜taumelte⌝ wie ein Kreisel unter einer ungeschickten Peitsche. 25

Ein Hungerkünstler

⌐In den letzten Jahrzehnten ist das Interesse an Hunger-
künstlern sehr zurückgegangen.⌐ Während es sich früher
gut lohnte, große derartige Vorführungen in eigener Regie
zu veranstalten, ist dies heute völlig unmöglich. Es waren
5 andere Zeiten. Damals beschäftigte sich die ganze Stadt
mit dem Hungerkünstler; von Hungertag zu Hungertag
stieg die Teilnahme; jeder wollte den Hungerkünstler zumindest einmal täglich sehn; an den spätern Tagen gab es
10 Abonnenten, welche tagelang vor dem kleinen Gitterkäfig
saßen; auch in der Nacht fanden Besichtigungen statt, zur
Erhöhung der Wirkung bei Fackelschein; an schönen Tagen wurde der Käfig ins Freie getragen, und nun waren es
besonders die Kinder, denen der Hungerkünstler gezeigt
15 wurde; während er für die Erwachsenen oft nur ein Spaß
war, an dem sie der Mode halber teilnahmen, sahen die
Kinder staunend, mit offenem Mund, der Sicherheit halber
einander bei der Hand haltend, zu, wie er bleich, im
schwarzen Trikot, mit mächtig vortretenden Rippen, sogar
20 einen Sessel verschmähend, auf hingestreutem Stroh saß,
einmal höflich nickend, angestrengt lächelnd Fragen be-
antwortete, auch durch das Gitter den Arm streckte, um
seine Magerkeit befühlen zu lassen, dann aber wieder ganz
in sich selbst versank, um niemanden sich kümmerte, nicht
25 einmal um den für ihn so wichtigen Schlag der Uhr, die das
einzige Möbelstück des Käfigs war, sondern nur vor sich
hinsah mit fast geschlossenen Augen und hie und da aus
einem winzigen Gläschen Wasser nippte, um sich die Lippen zu feuchten.
30 Außer den wechselnden Zuschauern waren auch ständige,
vom Publikum gewählte Wächter da, merkwürdigerweise
gewöhnlich ⌐Fleischhauer⌐, welche, immer drei gleichzeitig, die Aufgabe hatten, Tag und Nacht den Hungerkünst-

ler zu beobachten, damit er nicht etwa auf irgendeine heimliche Weise doch Nahrung zu sich nehme. Es war das aber lediglich eine Formalität, eingeführt zur Beruhigung der Massen, denn die Eingeweihten wußten wohl, daß der Hungerkünstler während der Hungerzeit niemals, unter keinen Umständen, selbst unter Zwang nicht, auch das Geringste nur gegessen hätte; die Ehre seiner Kunst verbot dies. Freilich, nicht jeder Wächter konnte das begreifen, es fanden sich manchmal nächtliche Wachgruppen, welche die Bewachung sehr lax durchführten, absichtlich in eine ferne Ecke sich zusammensetzten und dort sich ins Kartenspiel vertieften, in der offenbaren Absicht, dem Hungerkünstler eine kleine Erfrischung zu gönnen, die er ihrer Meinung nach aus irgendwelchen geheimen Vorräten hervorholen konnte. Nichts war dem Hungerkünstler quälender als solche Wächter; sie machten ihn trübselig; sie machten ihm das Hungern entsetzlich schwer; manchmal überwand er seine Schwäche und sang während dieser Wachzeit, solange er es nur aushielt, um den Leuten zu zeigen, wie ungerecht sie ihn verdächtigten. Doch half das wenig; sie wunderten sich dann nur über seine Geschicklichkeit, selbst während des Singens zu essen. Viel lieber waren ihm die Wächter, welche sich eng zum Gitter setzten, mit der trüben Nachtbeleuchtung des Saales sich nicht begnügten, sondern ihn mit den elektrischen Taschenlampen bestrahlten, die ihnen der Impresario* zur Verfügung stellte. Das grelle Licht störte ihn gar nicht, schlafen konnte er ja überhaupt nicht, und ein wenig hindämmern konnte er immer, bei jeder Beleuchtung und zu jeder Stunde, auch im übervollen, lärmenden Saal. Er war sehr gerne bereit, mit solchen Wächtern die Nacht gänzlich ohne Schlaf zu verbringen; er war bereit, mit ihnen zu scherzen, ihnen Geschichten aus seinem Wanderleben zu erzählen, dann wieder ihre Erzählungen anzuhören, alles nur um sie wachzuhalten, um ihnen immer wieder zeigen zu können, daß er nichts

Manager eines
Bühnenstars

Ein Hungerkünstler

Eßbares im Käfig hatte und daß er hungerte, wie keiner von ihnen es könnte. Am glücklichsten aber war er, wenn dann der Morgen kam, und ihnen auf seine Rechnung ein überreiches Frühstück gebracht wurde, auf das sie sich warfen mit dem Appetit gesunder Männer nach einer mühevoll durchwachten Nacht. Es gab zwar sogar Leute, die in diesem Frühstück eine ungebührliche Beeinflussung der Wächter sehen wollten, aber das ging doch zu weit, und wenn man sie fragte, ob etwa sie nur um der Sache willen ohne Frühstück die Nachtwache übernehmen wollten, verzogen sie sich, aber bei ihrem Verdächtigungen blieben sie dennoch.

Dieses allerdings gehörte schon zu den vom Hungern überhaupt nicht zu trennenden Verdächtigungen. Niemand war ja imstande, alle die Tage und Nächte beim Hungerkünstler ununterbrochen als Wächter zu verbringen, niemand also konnte aus eigener Anschauung wissen, ob wirklich ununterbrochen, fehlerlos gehungert worden war; nur der Hungerkünstler selbst konnte das wissen, nur er also gleichzeitig der von seinem Hungern vollkommen befriedigte Zuschauer sein. Er aber war wieder aus einem andern Grunde niemals befriedigt; vielleicht war er gar nicht vom Hungern so sehr abgemagert, daß manche zu ihrem Bedauern den Vorführungen fernbleiben mußten, weil sie seinen Anblick nicht ertrugen, sondern er war nur so abgemagert aus Unzufriedenheit mit sich selbst. Er allein nämlich wußte, auch kein Eingeweihter sonst wußte das, wie leicht das Hungern war. Es war die leichteste Sache von der Welt. Er verschwieg es auch nicht, aber man glaubte ihm nicht, hielt ihn günstigstenfalls für bescheiden, meist aber für reklamesüchtig oder gar für einen Schwindler, dem das Hungern allerdings leicht war, weil er es sich leicht zu machen verstand, und der auch noch die Stirn hatte, es halb zu gestehn. Das alles mußte er hinnehmen, hatte sich auch im Laufe der Jahre daran gewöhnt, aber innerlich nagte diese

Unbefriedigtheit immer an ihm, und noch niemals, nach keiner Hungerperiode – dieses Zeugnis mußte man ihm ausstellen – hatte er freiwillig den Käfig verlassen. Als Höchstzeit für das Hungern hatte der Impresario ⌐vierzig Tage⌐ festgesetzt, darüber hinaus ließ er niemals hungern, auch in den Weltstädten nicht, und zwar aus gutem Grund. Vierzig Tage etwa konnte man erfahrungsgemäß durch allmählich sich steigernde Reklame das Interesse einer Stadt immer mehr aufstacheln, dann aber versagte das Publikum, eine wesentliche Abnahme des Zuspruchs war festzustellen; es bestanden natürlich in dieser Hinsicht kleine Unterschiede zwischen den Städten und Ländern, als Regel aber galt, daß vierzig Tage die Höchstzeit war. Dann also am vierzigsten Tage wurde die Tür des mit Blumen umkränzten Käfigs geöffnet, eine begeisterte Zuschauerschaft erfüllte das Amphitheater*, eine Militärkapelle spielte, zwei Ärzte betraten den Käfig, um die nötigen Messungen am Hungerkünstler vorzunehmen, durch ein Megaphon* wurden die Resultate dem Saale verkündet, und schließlich kamen zwei junge Damen, glücklich darüber, daß gerade sie ausgelost worden waren, und wollten den Hungerkünstler aus dem Käfig ein paar Stufen hinabführen, wo auf einem kleinen Tischchen eine sorgfältig ausgewählte Krankenmahlzeit serviert war. Und in diesem Augenblick wehrte sich der Hungerkünstler immer. Zwar legte er noch freiwillig seine Knochenarme in die hilfsbereit ausgestreckten Hände der zu ihm hinabgebeugten Damen, aber aufstehen wollte er nicht. Warum gerade jetzt nach vierzig Tagen aufhören? Er hätte es noch lange, unbeschränkt lange ausgehalten; warum gerade jetzt aufhören, wo er im besten, ja noch nicht einmal im besten Hungern war? Warum wollte man ihn des Ruhmes berauben, weiter zu hungern, nicht nur der größte Hungerkünstler aller Zeiten zu werden, der er ja wahrscheinlich schon war, aber auch noch sich selbst zu übertreffen bis ins Unbegreifliche, denn

Ein Hungerkünstler

für seine Fähigkeit zu hungern fühlte er keine Grenzen. Warum hatte diese Menge, die ihn so sehr zu bewundern vorgab, so wenig Geduld mit ihm; wenn er es aushielt, noch weiter zu hungern, warum wollte sie es nicht aushal-
ten? Auch war er müde, saß gut im Stroh und sollte sich nun hoch und lang aufrichten und zu dem Essen gehn, das ihm schon allein in der Vorstellung Übelkeiten verursachte, deren Äußerung er nur mit Rücksicht auf die Damen müh-selig unterdrückte. Und er blickte empor in die Augen der
scheinbar so freundlichen, in Wirklichkeit so grausamen Damen und schüttelte den auf dem schwachen Halse über-schweren Kopf. Aber dann geschah, was immer geschah. Der Impresario kam, hob stumm – die Musik machte das Reden unmöglich – die Arme über dem Hungerkünstler,
so, als lade er den Himmel ein, sich sein Werk hier auf dem Stroh einmal anzusehn, diesen bedauernswerten Märtyrer, welcher der Hungerkünstler allerdings war, nur in ganz anderem Sinn; faßte den Hungerkünstler um die dünne Taille, wobei er durch übertriebene Vorsicht glaubhaft machen wollte, mit einem wie gebrechlichen Ding er es hier zu tun habe; und übergab ihn – nicht ohne ihn im geheimen ein wenig zu schütteln, so daß der Hungerkünstler mit den Beinen und dem Oberkörper unbeherrscht hin und her schwankte – den inzwischen totenbleich gewordenen Damen. Nun duldete der Hungerkünstler alles; der Kopf lag auf der Brust, es war, als sei er hingerollt und halte sich dort unerklärlich; der Leib war ausgehöhlt; die Beine drückten sich im Selbsterhaltungstrieb fest in den Knien aneinander, scharrten aber doch den Boden, so, als sei es nicht der wirkliche, den wirklichen suchten sie erst; und die ganze, aller-dings sehr kleine Last des Körpers lag auf einer der Damen, welche hilfesuchend, mit fliegendem Atem – so hatte sie sich dieses Ehrenamt nicht vorgestellt – zuerst den Hals möglichst streckte, um wenigstens das Gesicht vor der Be-
rührung mit dem Hungerkünstler zu bewahren, dann aber,

da ihr dies nicht gelang und ihre glücklichere Gefährtin ihr nicht zu Hilfe kam, sondern sich damit begnügte, zitternd die Hand des Hungerkünstlers, dieses kleine Knochenbündel, vor sich herzutragen, unter dem entzückten Gelächter des Saales in Weinen ausbrach und von einem längst bereitgestellten Diener abgelöst werden mußte. Dann kam das Essen, von dem der Impresario dem Hungerkünstler während eines ohnmachtähnlichen Halbschlafes ein wenig einflößte, unter lustigem Plaudern, das die Aufmerksamkeit vom Zustand des Hungerkünstlers ablenken sollte; dann wurde noch ein Trinkspruch auf das Publikum ausgebracht, welcher dem Impresario angeblich vom Hungerkünstler zugeflüstert worden war; das Orchester bekräftigte alles durch einen großen Tusch, man ging auseinander, und niemand hatte das Recht, mit dem Gesehenen unzufrieden zu sein, niemand, nur der Hungerkünstler, immer nur er.

So lebte er mit regelmäßigen kleinen Ruhepausen viele Jahre, in scheinbarem Glanz, von der Welt geehrt, bei alledem aber meist in trüber Laune, die immer noch trüber wurde dadurch, daß niemand sie ernst zu nehmen verstand. Womit sollte man ihn auch trösten? Was blieb ihm zu wünschen übrig? Und wenn sich einmal ein Gutmütiger fand, der ihn bedauerte und ihm erklären wollte, daß seine Traurigkeit wahrscheinlich von dem Hungern käme, konnte es, besonders bei vorgeschrittener Hungerzeit, geschehn, daß der Hungerkünstler mit einem Wutausbruch antwortete und zum Schrecken aller ⌜wie ein Tier an dem Gitter zu rütteln begann⌝. Doch hatte für solche Zustände der Impresario ein Strafmittel, das er gern anwandte. Er entschuldigte den Hungerkünstler vor versammeltem Publikum, gab zu, daß nur die durch das Hungern hervorgerufene, für satte Menschen nicht ohne weiteres begreifliche Reizbarkeit das Benehmen des Hungerkünstlers verzeihlich machen könne; kam dann im Zusammenhang damit auch auf die ebenso zu erklärende Behauptung des Hungerkünstlers zu sprechen, er könnte noch viel länger hungern, als er hungere; lobte das hohe Streben, den guten Willen, die große Selbstverleugnung, die gewiß auch in dieser Behauptung enthalten seien; suchte dann aber die Behauptung einfach genug durch Vorzeigen von Photographien, die gleichzeitig verkauft wurden, zu widerlegen, denn auf den Bildern sah man den Hungerkünstler an einem vierzigsten Hungertag, im Bett, fast verlöscht vor Entkräftung. Diese dem Hungerkünstler zwar wohlbekannte, immer aber von neuem ihn entnervende Verdrehung der Wahrheit war ihm zu viel. Was die Folge der vorzeitigen Beendigung des Hungerns war, stellte man hier als die Ursache dar! Gegen diesen Unverstand, gegen diese Welt des Unverstandes zu kämpfen, war unmöglich. Noch hatte er immer wieder in gutem Glauben begierig am Gitter dem Impresario zugehört, beim Erscheinen der Photographien aber ließ er das Gitter jedesmal los, sank mit Seufzen ins Stroh zurück, und das beruhigte Publikum konnte wieder herankommen und ihn besichtigen.

Wenn die Zeugen solcher Szenen ein paar Jahre später daran zurückdachten, wurden sie sich oft selbst unverständlich. Denn inzwischen war jener erwähnte Umschwung eingetreten; fast plötzlich war das geschehen; es mochte tiefere Gründe haben, aber wem lag daran, sie aufzufinden; jedenfalls sah sich eines Tages der verwöhnte Hungerkünstler von der vergnügungssüchtigen Menge verlassen, die lieber zu anderen Schaustellungen strömte. Noch einmal jagte der Impresario mit ihm durch halb Europa, um zu sehn, ob sich nicht noch hie und da das alte Interesse wiederfände; alles vergeblich; wie in einem geheimen Einverständnis hatte sich überall geradezu eine Abneigung gegen das Schauhungern ausgebildet. Natürlich hatte das in Wirklichkeit nicht plötzlich so kommen können, und man erinnerte sich jetzt nachträglich an manche zu ihrer Zeit im

Rausch der Erfolge nicht genügend beachtete, nicht genügend unterdrückte Vorboten, aber jetzt etwas dagegen zu unternehmen, war zu spät. Zwar war es sicher, daß einmal auch für das Hungern wieder die Zeit kommen werde, aber für die Lebenden war das kein Trost. Was sollte nun der Hungerkünstler tun? Der, welchen Tausende umjubelt hatten, konnte sich nicht in Schaubuden auf kleinen Jahrmärkten zeigen, und um einen andern Beruf zu ergreifen, war der Hungerkünstler nicht nur zu alt, sondern vor allem dem Hungern allzu fanatisch ergeben. So verabschiedete er denn den Impresario, den Genossen einer Laufbahn ohnegleichen, und ließ sich von einem großen Zirkus engagieren; um seine Empfindlichkeit zu schonen, sah er die Vertragsbedingungen gar nicht an.

Ein großer Zirkus mit seiner Unzahl von einander immer wieder ausgleichenden und ergänzenden Menschen und Tieren und Apparaten ⌈kann jeden und zu jeder Zeit gebrauchen⌉, auch einen Hungerkünstler, bei entsprechend bescheidenen Ansprüchen natürlich, und außerdem war es ja in diesem besonderen Fall nicht nur der Hungerkünstler selbst, der engagiert wurde, sondern auch sein alter berühmter Name, ja man konnte bei der Eigenart dieser im zunehmenden Alter nicht abnehmenden Kunst nicht einmal sagen, daß ein ausgedienter; nicht mehr auf der Höhe seines Könnens stehender Künstler sich in einen ruhigen Zirkusposten flüchten wolle, im Gegenteil, der Hungerkünstler versicherte, daß er, was durchaus glaubwürdig war, ebensogut hungere wie früher, ja er behauptete sogar, er werde, wenn man ihm seinen Willen lasse, und dies versprach man ihm ohne weiteres, eigentlich erst jetzt die Welt in berechtigtes Erstaunen setzen, eine Behauptung allerdings, die mit Rücksicht auf die Zeitstimmung, welche der Hungerkünstler im Eifer leicht vergaß, bei den Fachleuten nur ein Lächeln hervorrief.

Im Grunde aber verlor auch der Hungerkünstler den Blick

für die wirklichen Verhältnisse nicht und nahm es als selbstverständlich hin, daß man ihn mit seinem Käfig nicht etwa als Glanznummer mitten in die Manege stellte, sondern draußen an einem im übrigen recht gut zugänglichen Ort in der Nähe der Stallungen unterbrachte. Große, bunt gemalte Aufschriften umrahmten den Käfig und verkündeten, was dort zu sehen war. Wenn das Publikum in den Pausen der Vorstellung zu den Ställen drängte, um die Tiere zu besichtigen, war es fast unvermeidlich, daß es beim Hungerkünstler vorüberkam und ein wenig dort haltmachte, man wäre vielleicht länger bei ihm geblieben, wenn nicht in dem schmalen Gang die Nachdrängenden, welche diesen Aufenthalt auf dem Weg zu den ersehnten Ställen nicht verstanden, eine längere ruhige Betrachtung unmöglich gemacht hätten. Dieses war auch der Grund, warum der Hungerkünstler vor diesen Besuchszeiten, die er als seinen Lebenszweck natürlich herbeiwünschte, doch auch wieder zitterte. In der ersten Zeit hatte er die Vorstellungspausen kaum erwarten können; entzückt hatte er der sich heranwälzenden Menge entgegengesehn, bis er sich nur zu bald – auch die hartnäckigste, fast bewußte Selbsttäuschung hielt den Erfahrungen nicht stand – davon überzeugte, daß es zumeist der Absicht nach, immer wieder, ausnahmslos, lauter Stallbesucher waren. Und dieser Anblick von der Ferne blieb noch immer der schönste. Denn wenn sie bis zu ihm herangekommen waren, umtobte ihn sofort Geschrei und Schimpfen der ununterbrochen neu sich bildenden Parteien, jener, welche – sie wurde dem Hungerkünstler bald die peinlichere – ihn bequem ansehen wollte, nicht etwa aus Verständnis, sondern aus Laune und Trotz, und jener zweiten, die zunächst nur nach den Ställen verlangte. War der große Haufe vorüber, dann kamen die Nachzügler, und diese allerdings, denen es nicht mehr verwehrt war, stehen zu bleiben, solange sie nur Lust hatten, eilten mit langen Schritten, fast ohne Seitenblick, vorüber, um rechtzeitig zu den Tieren zu kommen. Und es war kein allzu häufiger Glücksfall, daß ein Familienvater mit seinen Kindern kam, mit dem Finger auf den Hungerkünstler zeigte, ausflührlich erklärte, um was es sich hier handelte, von früheren Jahren erzählte, wo er bei ähnlichen, aber unvergleichlich großartigeren Vorführungen gewesen war, und dann die Kinder, wegen ihrer ungenügenden Vorbereitung von Schule und Leben her, zwar immer noch verständnislos blieben – was war ihnen Hungern? – aber doch in dem Glanz ihrer forschenden Augen etwas von neuen, kommenden, gnädigeren Zeiten verrieten. Vielleicht, so sagte sich der Hungerkünstler dann manchmal, würde alles doch ein wenig besser werden, wenn sein Standort nicht gar so nahe bei den Ställen wäre. Den Leuten wurde dadurch die Wahl zu leicht gemacht, nicht zu reden davon, daß ihn die Ausdünstungen der Ställe, die Unruhe der Tiere in der Nacht, das Vorübertragen der rohen Fleischstücke für die Raubtiere, die Schreie bei der Fütterung sehr verletzten und dauernd bedrückten. Aber bei der Direktion vorstellig zu werden, wagte er nicht; immerhin verdankte er ja den Tieren die Menge der Besucher, unter denen sich hie und da auch ein für ihn Bestimmter finden konnte, und wer wußte, wohin man ihn verstecken würde, wenn er an seine Existenz erinnern wollte und damit auch daran, daß er, genau genommen, nur ein Hindernis auf dem Weg zu den Ställen war.

Ein kleines Hindernis allerdings, ein immer kleiner werdendes Hindernis. Man gewöhnte sich an die Sonderbarkeit, in den heutigen Zeiten Aufmerksamkeit für einen Hungerkünstler beanspruchen zu wollen, und mit dieser Gewöhnung war das Urteil über ihn gesprochen. Er mochte so gut hungern, als er nur konnte, und er tat es, aber nichts konnte ihn mehr retten, man ging an ihm vorüber. Versuche, jemandem die Hungerkunst zu erklären! Wer es nicht fühlt, dem kann man es nicht begreiflich machen. Die

Ein Hungerkünstler

schönen Aufschriften wurden schmutzig und unleserlich, man riß sie herunter, niemandem fiel es ein, sie zu ersetzen; das Täfelchen mit der Ziffer der abgeleisteten Hungertage, das in der ersten Zeit sorgfältig täglich erneut worden war, blieb schon längst immer das gleiche, denn nach den ersten Wochen war das Personal selbst dieser kleinen Arbeit überdrüssig geworden; und so hungerte zwar der Hungerkünstler weiter, wie er es früher einmal erträumt hatte, und es gelang ihm ohne Mühe ganz so, wie er es damals vorausgesagt hatte, aber niemand zählte die Tage, niemand, nicht einmal der Hungerkünstler selbst wußte, wie groß die Leistung schon war, und sein Herz wurde schwer. Und wenn einmal in der Zeit ein Müßiggänger stehen blieb, sich über die alte Ziffer lustig machte und von Schwindel sprach, so war das in diesem Sinn die dümmste Lüge, welche Gleichgültigkeit und eingeborene Bösartigkeit erfinden konnte, denn nicht der Hungerkünstler betrog, er arbeitete ehrlich, aber die Welt betrog ihn um seinen Lohn.

Doch vergingen wieder viele Tage, und auch das nahm ein Ende. Einmal fiel einem Aufseher der Käfig auf, und er fragte die Diener, warum man hier diesen gut brauchbaren Käfig mit dem verfaulten Stroh drinnen unbenützt stehen lasse; niemand wußte es, bis sich einer mit Hilfe der Ziffertafel an den Hungerkünstler erinnerte. Man rührte mit Stangen das Stroh auf und fand den Hungerkünstler darin. »Du hungerst noch immer?«fragte der Aufseher, »wann wirst du denn endlich aufhören?« »Verzeiht mir alle«, flüsterte der Hungerkünstler; nur der Aufseher, der das Ohr ans Gitter hielt, verstand ihn. »Gewiß«, sagte der Aufseher und legte den Finger an die Stirn, um damit den Zustand des Hungerkünstlers dem Personal anzudeuten, »wir verzeihen dir.« »Immerfort wollte ich, daß ihr mein Hungern bewundert«, sagte der Hungerkünstler. »Wir bewundern es auch«, sagte der Aufseher entgegenkommend. »Ihr sollt es aber nicht bewundern«, sagte der Hungerkünstler. »Nun, dann bewundern wir es also nicht«, sagte der Aufseher, »warum sollen wir es denn nicht bewundern?« »Weil ich hungern muß, ich kann nicht anders«, sagte der Hungerkünstler. »Da sieh mal einer«, sagte der Aufseher, »warum kannst du denn nicht anders?« »Weil ich«, sagte der Hungerkünstler, hob das Köpfchen ein wenig und sprach mit wie zum Kuß gespitzten Lippen gerade in das Ohr des Aufsehers hinein, damit nichts verloren ginge, »⌜weil ich nicht die Speise finden konnte⌝, die mir schmeckt. Hätte ich sie gefunden, glaube mir, ich hätte kein Aufsehen gemacht und mich vollgegessen wie du und alle.« Das waren die letzten Worte, aber noch in seinen gebrochenen Augen war die feste, wenn auch nicht mehr stolze Überzeugung, daß er weiterhungre.

»⌜Nun macht aber Ordnung!⌝« sagte der Aufseher, und man begrub den Hungerkünstler samt dem Stroh. In den Käfig aber gab man einen jungen Panther. Es war eine selbst dem stumpfsten Sinn fühlbare Erholung, in dem so lange öden Käfig dieses wilde Tier sich herumwerfen zu sehn. Ihm fehlte nichts. Die Nahrung, die ihm schmeckte, brachten ihm ohne langes Nachdenken die Wächter; nicht einmal die Freiheit schien er zu vermissen; dieser edle, mit allem Nötigen bis knapp zum Zerreißen ausgestattete Körper schien auch die Freiheit mit sich herumzutragen; irgendwo im Gebiß schien sie zu stecken; und die Freude am Leben kam mit derart starker Glut aus seinem Rachen, daß es für die Zuschauer nicht leicht war, ihr standzuhalten. Aber sie überwanden sich, umdrängten den Käfig und wollten sich gar nicht fortrühren.

»Viele beklagten sich . . . «
(*Von den Gleichnissen*)

Viele beklagten sich, daß die Worte der Weisen immer wieder nur Gleichnisse seien, aber unverwendbar im täglichen
5 Leben und nur dieses allein haben wir. Wenn der Weise sagt: »Gehe hinüber« so meint er nicht, daß man auf die andere Straßenseite hinüber gehn solle, was man immerhin noch leisten könnte, wenn das Ergebnis des Weges wert wäre, sondern er meint irgendein sagenhaftes Drüben, et-
10 was was wir nicht kennen, was auch von ihm nicht näher zu bezeichnen ist und was uns also hier gar nichts helfen kann. Alle diese Gleichnisse wollen eigentlich nur sagen, daß das Unfaßbare unfaßbar ist und das haben wir gewußt. Aber das womit wir uns eigentlich jeden Tag abmühn, sind
15 andere Dinge.
Darauf sagte einer: Warum wehrt Ihr Euch? Würdet Ihr den Gleichnissen folgen, dann wäret Ihr selbst Gleichnisse geworden und damit schon der täglichen Mühe frei.
Ein anderer sagte: Ich wette daß auch das ein Gleichnis ist.
20 Der erste sagte: Du hast gewonnen.
Der zweite sagte: Aber leider nur im Gleichnis.
Der erste sagte: Nein, in Wirklichkeit; im Gleichnis hast Du verloren.

⌐Josefine, die Sängerin
oder
Das Volk der Mäuse⌐

Unsere Sängerin heißt Josefine. Wer sie nicht gehört hat,
kennt nicht die ⌐Macht des Gesanges⌐. Es gibt niemanden,
den ihr Gesang nicht fortreißt, was umso höher zu bewer-
ten ist, als unser Geschlecht im ganzen ⌐Musik nicht liebt⌐.
Stiller Frieden ist uns die liebste Musik; unser Leben ist
schwer, wir können uns, auch wenn wir einmal alle Tages-
sorgen abzuschütteln versucht haben, nicht mehr zu solchen, unserem sonstigen Leben so fernen Dingen erheben,
wie es die Musik ist. Doch beklagen wir es nicht sehr; nicht
einmal so weit kommen wir; eine gewisse praktische
Schlauheit, die wir freilich auch äußerst dringend brauchen, halten wir für unsern größten Vorzug, und mit dem
Lächeln dieser Schlauheit pflegen wir uns über alles hin-
wegzutrösten, auch wenn wir einmal – was aber nicht geschieht – das Verlangen nach dem Glück haben sollten, das
von der Musik vielleicht ausgeht. Nur Josefine macht eine
Ausnahme; sie liebt die Musik und weiß sie auch zu ver-
mitteln; sie ist die einzige; mit ihrem Hingang wird die
Musik – wer weiß wie lange – aus unserem Leben verschwinden.
Ich habe oft darüber nachgedacht, wie es sich mit dieser
Musik eigentlich verhält. Wir sind doch ganz unmusikalisch; wie kommt es, daß wir Josefinens Gesang verstehn
oder, da Josefine unser Verständnis leugnet, wenigstens zu
verstehen glauben. Die einfachste Antwort wäre, daß die
Schönheit dieses Gesanges so groß ist, daß auch der
stumpfste Sinn ihr nicht widerstehen kann, aber diese Antwort ist nicht befriedigend. Wenn es wirklich so wäre,
müßte man vor diesem Gesang zunächst und immer das
Gefühl des Außerordentlichen haben, das Gefühl, aus die-

ser Kehle erklinge etwas, was wir nie vorher gehört haben und das zu hören wir auch gar nicht die Fähigkeit haben, etwas, was zu hören uns nur diese eine Josefine und niemand sonst befähigt. Gerade das trifft aber meiner Meinung nach nicht zu, ich fühle es nicht und habe auch bei andern nichts dergleichen bemerkt. Im vertrauten Kreise gestehen wir einander offen, daß Josefinens Gesang als Gesang nichts Außerordentliches darstellt.

Ist es denn überhaupt Gesang? Trotz unserer Unmusikalität haben wir Gesangsüberlieferungen; in den alten Zeiten unseres Volkes gab es Gesang; ⌈Sagen⌉ erzählen davon und sogar Lieder sind erhalten, die freilich niemand mehr singen kann. Eine Ahnung dessen, was Gesang ist, haben wir also und dieser Ahnung nun entspricht Josefinens Kunst eigentlich nicht. Ist es denn überhaupt Gesang? Ist es nicht vielleicht doch nur ein ⌈Pfeifen⌉? Und Pfeifen allerdings kennen wir alle, es ist die eigentliche Kunstfertigkeit unseres Volkes, oder vielmehr gar keine Fertigkeit, sondern eine charakteristische Lebensäußerung. Alle pfeifen wir, aber freilich denkt niemand daran, das als Kunst auszugeben, wir pfeifen, ohne darauf zu achten, ja, ohne es zu merken und es gibt sogar viele unter uns, die gar nicht wissen, daß das Pfeifen zu unsern Eigentümlichkeiten gehört. Wenn es also wahr wäre, daß Josefine nicht singt, sondern nur pfeift und vielleicht gar, wie es mir wenigstens scheint, über die Grenzen des üblichen Pfeifens kaum hinauskommt – ja vielleicht reicht ihre Kraft für dieses übliche Pfeifen nicht einmal ganz hin, während es ein gewöhnlicher Erdarbeiter ohne Mühe den ganzen Tag über neben seiner Arbeit zustandebringt – wenn das alles wahr wäre, dann wäre zwar Josefinens angebliche Künstlerschaft widerlegt, aber es wäre dann erst recht das Rätsel ihrer großen Wirkung zu lösen.

Es ist aber eben doch nicht nur Pfeifen, was sie produziert. Stellt man sich recht weit von ihr hin und horcht, oder noch besser, läßt man sich in dieser Hinsicht prüfen, singt also Josefine etwa unter andern Stimmen und setzt man sich die Aufgabe, ihre Stimme zu erkennen, dann wird man unweigerlich nichts anderes heraushören, als ein gewöhnliches, höchstens durch Zartheit oder Schwäche ein wenig auffallendes Pfeifen. Aber steht man vor ihr, ist es doch nicht nur ein Pfeifen; es ist zum Verständnis ihrer Kunst notwendig, sie nicht nur zu hören sondern auch zu sehn. Selbst wenn es nur unser tagtägliches Pfeifen wäre, so besteht hier doch schon zunächst die Sonderbarkeit, daß jemand sich feierlich hinstellt, um nichts anderes als das Übliche zu tun. Eine Nuß aufknacken ist wahrhaftig keine Kunst, deshalb wird es auch niemand wagen, ein Publikum zusammenzurufen und vor ihm, um es zu unterhalten, Nüsse knacken. Tut er es dennoch und gelingt seine Absicht, dann kann es sich eben doch nicht nur um bloßes Nüsseknacken handeln. Oder es handelt sich um Nüsseknacken, aber es stellt sich heraus, daß wir über diese Kunst hinweggesehen haben, weil wir sie glatt beherrschten und daß uns dieser neue Nußknacker erst ihr eigentliches Wesen zeigt, wobei es dann für die Wirkung sogar nützlich sein könnte, wenn er etwas weniger tüchtig im Nüsseknacken ist als die Mehrzahl von uns.

Vielleicht verhält es sich ähnlich mit Josefinens Gesang; wir bewundern an ihr das, was wir an uns gar nicht bewundern; übrigens stimmt sie in letzterer Hinsicht mit uns völlig überein. Ich war einmal zugegen, als sie jemand, wie dies natürlich öfters geschieht, auf das allgemeine Volkspfeifen aufmerksam machte und zwar nur ganz bescheiden, aber für Josefine war es schon zu viel. Ein so freches, hochmütiges Lächeln, wie sie es damals aufsetzte, habe ich noch nicht gesehn; sie, die äußerlich eigentlich vollendete Zartheit ist, auffallend zart selbst in unserem an solchen Frauengestalten reichen Volk, erschien damals geradezu gemein; sie mochte es übrigens in ihrer großen Empfind-

Josefine, die Sängerin oder Das Volk der Mäuse

lichkeit auch gleich selbst flühlen und faßte sich. Jedenfalls leugnet sie also jeden Zusammenhang zwischen ihrer Kunst und dem Pfeifen. Für die, welche gegenteiliger Meinung sind, hat sie nur Verachtung und wahrscheinlich uneingestandenen Haß. Das ist nicht gewöhnliche Eitelkeit, denn diese Opposition, zu der auch ich halb gehöre, bewundert sie gewiß nicht weniger als es die Menge tut, aber Josefine will nicht nur bewundert, sondern genau in der von ihr bestimmten Art bewundert sein, an Bewunderung allein liegt ihr nichts. Und wenn man vor ihr sitzt, versteht man sie; Opposition treibt man nur in der Ferne; wenn man vor ihr sitzt, weiß man: was sie hier pfeift, ist kein Pfeifen.

Da Pfeifen zu unseren gedankenlosen Gewohnheiten gehört, könnte man meinen, daß auch in Josefinens Auditorium* gepfiffen wird; es wird uns wohl bei ihrer Kunst und wenn uns wohl ist, pfeifen wir; aber ihr Auditorium pfeift nicht, es ist mäuschenstill, so als wären wir des ersehnen Friedens teilhaftig geworden, von dem uns zumindest unser eigenes Pfeifen abhält, schweigen wir. Ist es ihr Gesang, der uns entzückt oder nicht vielmehr die feierliche Stille, von der das schwache Stimmchen umgeben ist? Einmal geschah es, daß irgendein törichtes kleines Ding während Josefinens Gesang in aller Unschuld auch zu pfeifen anfing. Nun, es war ganz dasselbe, was wir auch von Josefine hörten; dort vorne das trotz aller Routine immer noch schüchterne Pfeifen und hier im Publikum das selbstvergessene kindliche Gepfeife; den Unterschied zu bezeichnen, wäre unmöglich gewesen; aber doch zischten und pfiffen wir gleich die Störerin nieder, trotzdem es gar nicht nötig gewesen wäre, denn sie hätte sich gewiß auch sonst in Angst und Scham verkrochen, während Josefine ihr Triumphpfeifen anstimmte und ganz außer sich war mit ihren ausgespreizten Armen und dem gar nicht mehr höher dehnbaren Hals.

So ist sie übrigens immer, jede Kleinigkeit, jeden Zufall,

Zuhörerschaft

jede Widerspenstigkeit, ein Knacken im Parkett, ein Zähneknirschen, eine Beleuchtungsstörung hält sie für geeignet, die Wirkung ihres Gesanges zu erhöhen; sie singt ja ihrer Meinung nach vor tauben Ohren; an Begeisterung und Beifall fehlt es nicht, aber auf wirkliches Verständnis, wie sie es meint, hat sie längst verzichten gelernt. Da kommen ihr denn alle Störungen sehr gelegen; alles, was sich von außen her der Reinheit ihres Gesanges entgegenstellt, in leichtem Kampf, ja ohne Kampf, bloß durch die Gegenüberstellung besiegt wird, kann dazu beitragen, die Menge zu erwecken, sie zwar nicht Verständnis, aber ahnungsvollen Respekt zu lehren.

Wenn ihr aber nun das Kleine so dient, wie erst das Große. Unser Leben ist sehr unruhig, jeder Tag bringt Überraschungen, Beängstigungen, Hoffnungen und Schrecken, daß der Einzelne unmöglich dies alles ertragen könnte, hätte er nicht jederzeit bei Tag und Nacht den Rückhalt der Genossen; aber selbst so wird es oft recht schwer; manchmal zittern selbst tausend Schultern unter der Last, die eigentlich nur für einen bestimmt war. Dann hält Josefine ihre Zeit für gekommen. Schon steht sie da, das zarte Wesen, besonders unterhalb der Brust beängstigend vibrierend, es ist, als hätte sie alle ihre Kraft im Gesang versammelt, als sei allem an ihr, was nicht dem Gesange unmittelbar diene, jede Kraft, fast jede Lebensmöglichkeit entzogen, als sei sie entblößt, preisgegeben, nur dem Schutze guter Geister überantwortet, als könne sie, während sie so, sich völlig entzogen, im Gesange wohnt, ein kalter Hauch im Vorüberwehn töten. Aber gerade bei solchem Anblick pflegen wir angeblichen Gegner uns zu sagen: »Sie kann nicht einmal pfeifen; so entsetzlich muß sie sich anstrengen, um nicht Gesang – reden wir nicht von Gesang – aber um das landesübliche Pfeifen einigermaßen sich abzuzwingen.« So scheint es uns, doch ist dies, wie erwähnt, ein zwar unvermeidlicher, aber flüchtiger, schnell vorübergehender

Eindruck. Schon tauchen auch wir in das Gefühl der Menge, die warm, Leib an Leib, scheu atmend horcht.

Und um diese Menge unseres fast immer in Bewegung befindlichen, wegen oft nicht sehr klarer Zwecke hin- und herschießenden Volkes um sich zu versammeln, muß Josefine meist nichts anderes tun, als mit zurückgelegtem Köpfchen, halboffenem Mund, der Höhe zugewandten Augen jene Stellung einnehmen, die darauf hindeutet, daß sie zu singen beabsichtigt. Sie kann dies tun, wo sie will, es muß kein weithin sichtbarer Platz sein, irgendein verborgener, in zufälliger Augenblickslaune gewählter Winkel ist ebensogut brauchbar. Die Nachricht, daß sie singen will, verbreitet sich gleich, und bald zieht es in Prozessionen hin. Nun, manchmal treten doch Hindernisse ein, Josefine singt mit Vorliebe gerade in aufgeregten Zeiten, vielfache Sorgen und Nöte zwingen uns dann zu vielerlei Wegen, man kann sich beim besten Willen nicht so schnell versammeln, wie es Josefine wünscht, und sie steht dort diesmal in ihrer großen Haltung vielleicht eine Zeitlang ohne genügende Hörerzahl – dann freilich wird sie wütend, dann stampft sie mit den Füßen, flucht ganz unmädchenhaft, ja sie beißt sogar. Aber selbst ein solches Verhalten schadet ihrem Rufe nicht; statt ihre übergroßen Ansprüche ein wenig einzudämmen, strengt man sich an, ihnen zu entsprechen; es werden Boten ausgeschickt, um Hörer herbeizuholen; es wird vor ihr geheim gehalten, daß das geschieht; man sieht dann auf den Wegen im Umkreis Posten aufgestellt, die den Herankommenden zuwinken, sie möchten sich beeilen; dies alles so lange, bis dann schließlich doch eine leidliche Anzahl beisammen ist.

Was treibt das Volk dazu, sich für Josefine so zu bemühen? Eine Frage, nicht leichter zu beantworten als die nach Josefinens Gesang, mit der sie ja auch zusammenhängt. Man könnte sie streichen und gänzlich mit der zweiten Frage vereinigen, wenn sich etwa behaupten ließe, daß das Volk wegen des Gesanges Josefine bedingungslos ergeben ist. Dies ist aber eben nicht der Fall; bedingungslose Ergebenheit kennt unser Volk kaum; dieses Volk, das über alles die freilich harmlose Schlauheit liebt, das kindliche Wispern, den freilich unschuldigen, ⌈bloß die Lippen bewegenden Tratsch⌉, ein solches Volk kann immerhin nicht bedingungslos sich hingeben, das fühlt wohl auch Josefine, das ist es, was sie bekämpft mit aller Anstrengung ihrer schwachen Kehle.

Nur darf man freilich bei solchen allgemeinen Urteilen nicht zu weit gehn, das Volk ist Josefine doch ergeben, nur nicht bedingungslos. Es wäre z. B. nicht fähig, über Josefine zu lachen. Man kann es sich eingestehn: an Josefine fordert manches zum Lachen auf, und an und für sich ist uns das Lachen immer nah; trotz allem Jammer unseres Lebens ist ein leises Lachen bei uns gewissermaßen immer zu Hause; aber über Josefine lachen wir nicht. Manchmal habe ich den Eindruck, das Volk fasse sein Verhältnis zu Josefine derart auf, daß sie, dieses zerbrechliche, schonungsbedürftige, irgendwie ausgezeichnete, ihrer Meinung nach durch Gesang ausgezeichnete Wesen ihm anvertraut sei und es müsse für sie sorgen; der Grund dessen ist niemandem klar, nur die Tatsache scheint festzustehn. Über das aber, was einem anvertraut ist, lacht man nicht; darüber zu lachen, wäre Pflichtverletzung; es ist das Äußerste an Boshaftigkeit, was die Boshaftesten unter uns Josefine zufügen, wenn sie manchmal sagen: »Das Lachen vergeht uns, wenn wir Josefine sehn.«

So sorgt also das Volk für Josefine in der Art eines Vaters, der sich eines Kindes annimmt, das sein Händchen – man weiß nicht recht, ob bittend oder fordernd – nach ihm ausstreckt. Man sollte meinen, unser Volk tauge nicht zur Erfüllung solcher väterlicher Pflichten, aber in Wirklichkeit versieht es sie, wenigstens in diesem Falle, musterhaft; kein Einzelner könnte es, was in dieser Hinsicht das Volk als

Ganzes zu tun imstande ist. Freilich, der Kraftunterschied zwischen dem Volk und dem Einzelnen ist so ungeheuer, es genügt, daß es den Schützling in die Wärme seiner Nähe zieht, und er ist beschützt genug. Zu Josefine wagt man allerdings von solchen Dingen nicht zu reden. »Ich pfeife auf eueren Schutz«, sagt sie dann. »Ja, ja, du pfeifst«, denken wir. Und außerdem ist es wahrhaftig keine Widerlegung, wenn sie rebelliert, vielmehr ist das durchaus Kindesart und Kindesdankbarkeit, und Art des Vaters ist es, sich nicht daran zu kehren.

Nun spricht aber doch noch anderes mit herein, das schwerer aus diesem Verhältnis zwischen Volk und Josefine zu erklären ist. Josefine ist nämlich der gegenteiligen Meinung, sie glaubt, sie sei es, die das Volk beschütze. Aus schlimmer politischer oder wirtschaftlicher Lage rettet uns angeblich ihr Gesang, nichts weniger als das bringt er zuwege, und wenn er das Unglück nicht vertreibt, so gibt er uns wenigstens die Kraft, es zu ertragen. Sie spricht es nicht so aus und auch nicht anders, sie spricht überhaupt wenig, sie ist schweigsam unter den Plappermäulern, aber aus ihren Augen blitzt es, von ihrem geschlossenen Mund – bei uns können nur wenige den Mund geschlossen halten, sie kann es – ist es abzulesen. Bei jeder schlechten Nachricht – und an manchen Tagen überrennen sie einander, falsche und halbrichtige darunter – erhebt sie sich sofort, während es sie sonst müde zu Boden zieht, erhebt sich und streckt den Hals und sucht den Überblick über ihre Herde wie der Hirt vor dem Gewitter. Gewiß, auch Kinder stellen ähnliche Forderungen in ihrer wilden, unbeherrschten Art, aber bei Josefine sind sie doch nicht so unbegründet wie bei jenen. Freilich, sie rettet uns nicht und gibt uns keine Kräfte, es ist leicht, sich als Retter dieses Volkes aufzuspielen, das leidensgewohnt, sich nicht schonend, schnell in Entschlüssen, den Tod wohl kennend, nur dem Anscheine nach ängstlich in der Atmosphäre von Tollkühnheit, in der

es ständig lebt, und überdies ebenso fruchtbar wie wage-
mutig – es ist leicht, sage ich, sich nachträglich als Retter
dieses Volkes aufzuspielen, das sich noch immer irgendwie
selbst gerettet hat, sei es auch unter Opfern, über die der
Geschichtsforscher – im allgemeinen vernachlässigen wir   5
Geschichtsforschung gänzlich – vor Schrecken erstarrt.
Und doch ist es wahr, daß wir gerade in Notlagen noch
besser als sonst auf Josefinens Stimme horchen. Die Dro-
hungen, die über uns stehen, machen uns stiller, beschei-
dener, für Josefinens Befehlshaberei gefügiger; gern kom-   10
men wir zusammen, gern drängen wir uns aneinander, besonders weil es bei einem Anlaß geschieht, der ganz abseits
liegt von der quälenden Hauptsache; es ist, als tränken wir
noch schnell – ja, Eile ist nötig, das vergißt Josefine allzuoft – gemeinsam einen Becher des Friedens vor dem Kampf.   15
Es ist nicht so sehr eine Gesangsvorführung als vielmehr
eine Volksversammlung, und zwar eine Versammlung, bei
der es bis auf das kleine Pfeifen vorne völlig still ist; viel zu
ernst ist die Stunde, als daß man sie verschwätzen wollte.
Ein solches Verhältnis könnte nun freilich Josefine gar   20
nicht befriedigen. Trotz all ihres nervösen Mißbehagens,
welches Josefine wegen ihrer niemals ganz geklärten Stellung erfüllt, sieht sie doch, verblendet von ihrem Selbst-
bewußtsein, manches nicht und kann ohne große Anstrengung dazu gebracht werden, noch viel mehr zu übersehen,   25
ein Schwarm von Schmeichlern ist in diesem Sinne, also
eigentlich in einem allgemein nützlichen Sinne, immerfort
tätig, – aber nur nebenbei, unbeachtet, im Winkel einer
Volksversammlung zu singen, dafür würde sie, trotzdem es
an sich gar nicht wenig wäre, ihren Gesang gewiß nicht   30
opfern.
Aber sie muß es auch nicht, denn ihre Kunst bleibt nicht
unbeachtet. Trotzdem wir im Grunde mit ganz anderen
Dingen beschäftigt sind und die Stille durchaus nicht nur
dem Gesange zuliebe herrscht und mancher gar nicht auf-   35

schaut, sondern das Gesicht in den ⌐Pelz⌐ des Nachbars drückt und Josefine also dort oben sich vergeblich abzumühen scheint, dringt doch – das ist nicht zu leugnen – etwas von ihrem Pfeifen unweigerlich auch zu uns. Dieses Pfeifen, das sich erhebt, wo allen anderen Schweigen auferlegt ist, kommt fast wie eine Botschaft des Volkes zu dem Einzelnen; das dünne Pfeifen Josefinens mitten in den schweren Entscheidungen ist fast wie die armselige Existenz unseres Volkes mitten im Tumult der feindlichen Welt. Josefine behauptet sich, dieses Nichts an Stimme, dieses Nichts an Leistung behauptet sich und schafft sich den Weg zu uns, es tut wohl, daran zu denken. Einen wirklichen Gesangskünstler, wenn einer einmal sich unter uns finden sollte, würden wir in solcher Zeit gewiß nicht ertragen und die Unsinnigkeit einer solchen Vorführung einmütig abweisen. Möge Josefine beschützt werden vor der Erkenntnis, daß die Tatsache, daß wir ihr zuhören, ein Beweis gegen ihren Gesang ist. Eine Ahnung dessen hat sie wohl, warum würde sie sonst so leidenschaftlich leugnen, daß wir ihr zuhören, aber immer wieder singt sie, pfeift sie sich über diese Ahnung hinweg.

Aber es gäbe auch sonst noch immer einen Trost für sie: wir hören ihr doch auch gewissermaßen wirklich zu, wahrscheinlich ähnlich, wie man einem Gesangskünstler zuhört; sie erreicht Wirkungen, die ein Gesangskünstler vergeblich bei uns anstreben würde und die nur ⌐gerade ihren unzureichenden Mitteln⌐ verliehen sind. Dies hängt wohl hauptsächlich mit unserer Lebensweise zusammen.

In unserem Volke kennt man keine Jugend, kaum eine winzige Kinderzeit. Es treten zwar regelmäßig Forderungen auf, man möge den Kindern eine besondere Freiheit, eine besondere Schonung gewährleisten, ihr Recht auf ein wenig Sorglosigkeit, ein wenig sinnloses Sichherumtummeln, auf ein wenig Spiel, dieses Recht möge man anerkennen und ihm zur Erfüllung verhelfen; solche Forderungen treten auf und fast jedermann billigt sie, es gibt nichts, was mehr zu billigen wäre, aber es gibt auch nichts, was in der Wirklichkeit unseres Lebens weniger zugestanden werden könnte, man billigt die Forderungen, man macht Versuche in ihrem Sinn, aber bald ist wieder alles beim Alten. Unser Leben ist eben derart, daß ein Kind, sobald es nur ein wenig läuft und die Umwelt ein wenig unterscheiden kann, ebenso für sich sorgen muß wie ein Erwachsener; die Gebiete, auf denen wir aus wirtschaftlichen Rücksichten zerstreut leben müssen, sind zu groß, unserer Feinde sind zu viele, die uns überall bereiteten Gefahren zu unberechenbar – wir können die Kinder vom Existenzkampfe nicht fernhalten, täten wir es, es wäre ihr vorzeitiges Ende. Zu diesen traurigen Gründen kommt freilich auch ein erhebender: die ⌐Fruchtbarkeit⌐ unseres Stammes. Eine Generation – und jede ist zahlreich – drängt die andere, die Kinder haben nicht Zeit, Kinder zu sein. Mögen bei anderen Völkern die Kinder sorgfältig gepflegt werden, mögen dort Schulen für die Kleinen errichtet sein, mögen dort aus diesen Schulen täglich die Kinder strömen, die Zukunft des Volkes, so sind es doch immer lange Zeit Tag für Tag die gleichen Kinder, die dort hervorkommen. Wir haben keine Schulen, aber aus unserem Volke strömen in allerkürzesten Zwischenräumen die unübersehbaren Scharen unserer Kinder, fröhlich zischend oder piepsend, solange sie noch nicht pfeifen können, sich wälzend oder kraft des Druckes weiterrollend, solange sie noch nicht laufen können, täppisch durch ihre Masse alles mit sich fortreißend, solange sie noch nicht sehen können, unsere Kinder! Und nicht wie in jenen Schulen die gleichen Kinder, nein, immer, immer wieder neue, ohne Ende, ohne Unterbrechung, kaum erscheint ein Kind, ist es nicht mehr Kind, aber schon drängen hinter ihm die neuen Kindergesichter ununterscheidbar in ihrer Menge und Eile, rosig vor Glück. Freilich, wie schön dies auch sein mag und wie sehr uns andere darum auch mit Recht beneiden mögen, eine wirkliche Kinderzeit können wir eben unseren Kindern nicht geben. Und das hat seine Folgewirkungen. Eine gewisse unerstorbene, unausrottbare Kindlichkeit durchdringt unser Volk; im geraden Widerspruch zu unserem Besten, dem untrüglichen praktischen Verstande, handeln wir manchmal ganz und gar töricht, und zwar eben in der Art, wie Kinder töricht handeln, sinnlos, verschwenderisch, großzügig, leichtsinnig und dies alles oft einem kleinen Spaß zuliebe. Und wenn unsere Freude darüber natürlich nicht mehr die volle Kraft der Kinderfreude haben kann, etwas von dieser lebt darin noch gewiß. Von dieser Kindlichkeit unseres Volkes profitiert seit jeher auch Josefine.

Aber unser Volk ist nicht nur kindlich, es ist gewissermaßen auch ⌜vorzeitig alt⌝, Kindheit und Alter machen sich bei uns anders als bei anderen. Wir haben keine Jugend, wir sind gleich Erwachsene, und Erwachsene sind wir dann zu lange, eine gewisse Müdigkeit und Hoffnungslosigkeit durchzieht von da aus mit breiter Spur das im ganzen doch so zähe und hoffnungsstarke Wesen unseres Volkes. Damit hängt wohl auch unsere Unmusikalität zusammen; wir sind zu alt für Musik, ihre Erregung, ihr Aufschwung paßt nicht für unsere Schwere, müde winken wir ihr ab; wir haben uns auf das Pfeifen zurückgezogen; ein wenig Pfeifen hie und da, das ist das Richtige für uns. Wer weiß, ob es nicht Musiktalente unter uns gibt; wenn es sie aber gäbe, der Charakter der Volksgenossen müßte sie noch vor ihrer Entfaltung unterdrücken. Dagegen mag Josefine nach ihrem Belieben pfeifen oder singen oder wie sie es nennen will, das stört uns nicht, das entspricht uns, das können wir wohl vertragen; wenn darin etwas von Musik enthalten sein sollte, so ist es auf die möglichste Nichtigkeit reduziert; eine gewisse Musiktradition wird gewahrt, aber ohne daß uns dies im geringsten beschweren würde.

Aber Josefine bringt diesem so gestimmten Volke noch

mehr. Bei ihren Konzerten, besonders in ernster Zeit, haben nur noch die ganz Jungen Interesse an der Sängerin als solcher, nur sie sehen mit Staunen zu, wie sie ihre Lippen kräuselt, zwischen den niedlichen Vorderzähnen die Luft ausstößt, in Bewunderung der Töne, die sie selbst hervorbringt, erstirbt und dieses Hinsinken benützt, um sich zu neuer, ihr immer unverständlicher werdender Leistung anzufeuern, aber die eigentliche Menge hat sich – das ist deutlich zu erkennen – auf sich selbst zurückgezogen. Hier in den dürftigen Pausen zwischen den Kämpfen träumt das Volk, es ist, als lösten sich dem Einzelnen die Glieder, als dürfte sich der Ruhelose einmal nach seiner Lust im großen warmen Bett des Volkes dehnen und strecken. Und in diese Träume klingt hie und da Josefinens Pfeifen; sie nennt es perlend, wir nennen es stoßend; aber jedenfalls ist es hier an seinem Platze, wie nirgends sonst, wie Musik kaum jemals den auf sie wartenden Augenblick findet. Etwas von der armen kurzen Kindheit ist darin, etwas von verlorenem, nie wieder aufzufindendem Glück, aber auch etwas vom tätigen heutigen Leben ist darin, von seiner kleinen, unbegreiflichen und dennoch bestehenden und nicht zu ertötenden Munterkeit. Und dies alles ist wahrhaftig nicht mit großen Tönen gesagt, sondern leicht, flüsternd, vertraulich, manchmal ein wenig heiser. Natürlich ist es ein Pfeifen. Wie denn nicht? Pfeifen ist die Sprache unseres Volkes, nur pfeift mancher sein Leben lang und weiß es nicht, hier aber ist das Pfeifen freigemacht von den Fesseln des täglichen Lebens und befreit auch uns für eine kurze Weile. Gewiß, diese Vorführungen wollten wir nicht missen.

Aber von da bis zu Josefines Behauptung, sie gebe uns in solchen Zeiten neue Kräfte usw. usw., ist noch ein sehr weiter Weg. Für gewöhnliche Leute allerdings, nicht für Josefinens Schmeichler. »Wie könnte es anders sein« – sagen sie in recht unbefangener Keckheit – »wie könnte man anders den großen Zulauf, besonders unter unmittelbar drängender Gefahr, erklären, der schon manchmal sogar die genügende, rechtzeitige Abwehr eben dieser Gefahr verhindert hat.« Nun, dies letztere ist leider richtig, gehört aber doch nicht zu den Ruhmestiteln Josefinens, besonders wenn man hinzufügt, daß, wenn solche Versammlungen unerwartet vom Feind gesprengt wurden, und mancher der unserigen dabei sein Leben lassen mußte, Josefine, die alles verschuldet, ja, durch ihr Pfeifen den Feind vielleicht ange-lockt hatte, immer im Besitz des sichersten Plätzchens war und unter dem Schutze ihres Anhanges sehr still und eiligst als erste verschwand. Aber auch dieses wissen im Grunde alle, und dennoch eilen sie wieder hin, wenn Josefine nächstens nach ihrem Belieben irgendwo, irgendwann zum Gesange sich erhebt. Daraus könnte man schließen, daß Josefine fast außerhalb des Gesetzes steht, daß sie tun darf, was sie will, selbst wenn es die Gesamtheit gefährdet, und daß ihr alles verziehen wird. Wenn dies so wäre, dann wä-ren auch Josefinens Ansprüche völlig verständlich, ja, man könnte gewissermaßen in dieser Freiheit, die ihr das Volk geben würde, in diesem außerordentlichen, niemand sonst gewährten, die Gesetze eigentlich widerlegenden Geschenk ein Eingeständnis dessen sehen, daß das Volk Josefine, wie sie es behauptet, nicht versteht, ohnmächtig ihre Kunst an-staunt, sich ihrer nicht würdig fühlt, dieses Leid, das es Josefine tut, durch eine geradezu verzweifelte Leistung aus-zugleichen strebt und, so wie ihre Kunst außerhalb seines Fassungsvermögens ist, auch ihre Person und deren Wün-sche außerhalb seiner Befehlsgewalt stellt. Nun, das ist al-lerdings ganz und gar nicht richtig, vielleicht kapituliert im einzelnen das Volk zu schnell vor Josefine, aber wie es be-dingungslos vor niemandem kapituliert, also auch nicht vor ihr.

Schon seit langer Zeit, vielleicht schon seit Beginn ihrer Künstlerlaufbahn, kämpft Josefine darum, daß sie mit

Rücksicht auf ihren Gesang ⌜von jeder Arbeit befreit wer-
de⌝; man solle ihr also die Sorge um das tägliche Brot und
alles, was sonst mit unserem Existenzkampf verbunden ist,
abnehmen und es – wahrscheinlich – auf das Volk als Ganzes überwälzen. Ein schnell Begeisterter – es fanden sich
auch solche – könnte schon allein aus der Sonderbarkeit
dieser Forderung, aus der Geistesverfassung, die eine solche Forderung auszudenken imstande ist, auf deren innere
Berechtigung schließen. Unser Volk zieht aber andere
Schlüsse, und lehnt ruhig die Forderung ab. Es müht sich
auch mit der Widerlegung der Gesuchsbegründung nicht
sehr ab. Josefine weist z. B. darauf hin, daß die Anstrengung bei der Arbeit ihrer Stimme schade, daß zwar die
Anstrengung bei der Arbeit gering sei im Vergleich zu jener
beim Gesang, daß sie ihr aber doch die Möglichkeit nehme,
nach dem Gesang sich genügend auszuruhen und für neuen
Gesang sich zu stärken, sie müsse sich dabei gänzlich er-
schöpfen und könne trotzdem unter diesen Umständen
ihre Höchstleistung niemals erreichen. Das Volk hört sie an
und geht darüber hinweg. Dieses so ⌜leicht zu rührende
Volk⌝ ist manchmal gar nicht zu rühren. Die Abweisung ist
manchmal so hart, daß selbst Josefine stutzt, sie scheint
sich zu fügen, arbeitet wie sichs gehört, singt so gut sie
kann, aber das alles nur eine Weile, dann nimmt sie den
Kampf mit neuen Kräften – dafür scheint sie unbeschränkt
viele zu haben – wieder auf.
Nun ist es ja klar, daß Josefine nicht eigentlich das anstrebt, was sie wörtlich verlangt. Sie ist vernünftig, sie
scheut die Arbeit nicht, wie ja Arbeitsscheu überhaupt bei
uns unbekannt ist, sie würde auch nach Bewilligung ihrer
Forderung gewiß nicht anders leben als früher, die Arbeit
würde ihrem Gesang gar nicht im Wege stehn, und der
Gesang allerdings würde auch nicht schöner werden – was
sie anstrebt, ist also nur die öffentliche, eindeutige, die Zeiten überdauernde, über alles bisher Bekannte sich weit er-

hebende Anerkennung ihrer Kunst. Während ihr aber fast alles andere erreichbar scheint, versagt sich ihr dieses hartnäckig. Vielleicht hätte sie den Angriff gleich anfangs in andere Richtung lenken sollen, vielleicht sieht sie jetzt selbst den Fehler ein, aber nun kann sie nicht mehr zurück, ein Zurückgehen hieße sich selbst untreu werden, nun muß sie schon mit dieser Forderung stehen oder fallen.

Hätte sie wirklich Feinde, wie sie sagt, sie könnten diesem Kampfe, ohne selbst den Finger rühren zu müssen, belustigt zusehen. Aber sie hat keine Feinde, und selbst wenn mancher hie und da Einwände gegen sie hat, dieser Kampf belustigt niemanden. Schon deshalb nicht, weil sich hier das Volk in seiner kalten richterlichen Haltung zeigt, wie man es sonst bei uns nur sehr selten sieht. Und wenn einer auch diese Haltung in diesem Falle billigen mag, so schließt doch die bloße Vorstellung, daß sich einmal das Volk ähnlich gegen ihn selbst verhalten könnte, jede Freude aus. Es handelt sich eben auch bei der Abweisung, ähnlich wie bei der Forderung, nicht um die Sache selbst, sondern darum, daß sich das Volk gegen einen Volksgenossen derart undurchdringlich abschließen kann und um so undurchdringlicher, als es sonst für eben diesen Genossen väterlich und mehr als väterlich, demütig sorgt.

Stünde hier an Stelle des Volkes ein Einzelner: man könnte glauben, dieser Mann habe die ganze Zeit über Josefine nachgegeben unter dem fortwährenden brennenden Verlangen endlich der Nachgiebigkeit ein Ende zu machen; er habe übermenschlich viel nachgegeben im festen Glauben, daß das Nachgeben trotzdem seine richtige Grenze finden werde; ja, er habe mehr nachgegeben als nötig war, nur um die Sache zu beschleunigen, nur, um Josefine zu verwöhnen und zu immer neuen Wünschen zu treiben, bis sie dann wirklich diese letzte Forderung erhob; da habe er nun freilich, kurz, weil längst vorbereitet, die endgültige Abweisung vorgenommen. Nun, so verhält es sich ganz gewiß nicht, das Volk braucht solche Listen nicht, außerdem ist seine Verehrung für Josefine aufrichtig und erprobt und Josefinens Forderung ist allerdings so stark, daß jedes unbefangene Kind ihr den Ausgang hätte voraussagen können; trotzdem mag es sein, daß in der Auffassung, die Josefine von der Sache hat, auch solche Vermutungen mitspielen und dem Schmerz der Abgewiesenen eine Bitternis hinzufügen.

Aber mag sie auch solche Vermutungen haben, vom Kampf abschrecken läßt sie sich dadurch nicht. In letzter Zeit verschärft sich sogar der Kampf; hat sie ihn bisher nur durch Worte geführt, fängt sie jetzt an, andere Mittel anzuwenden, die ihrer Meinung nach wirksamer, unserer Meinung nach für sie selbst gefährlicher sind.

Manche glauben, Josefine werde deshalb so dringlich, weil sie sich alt werden fühle, die Stimme Schwächen zeige, und es ihr daher höchste Zeit zu sein scheine, den letzten Kampf um ihre Anerkennung zu führen. Ich glaube daran nicht. Josefine wäre nicht Josefine, wenn dies wahr wäre. Für sie gibt es kein Altern und keine Schwächen ihrer Stimme. Wenn sie etwas fordert, so wird sie nicht durch äußere Dinge, sondern durch innere Folgerichtigkeit dazu gebracht. Sie greift nach dem höchsten Kranz, nicht weil er im Augenblick gerade ein wenig tiefer hängt, sondern weil es der höchste ist; wäre es in ihrer Macht, sie würde ihn noch höher hängen.

Diese Mißachtung äußerer Schwierigkeiten hindert sie allerdings nicht, die unwürdigsten Mittel anzuwenden. Ihr Recht steht ihr außer Zweifel; was liegt also daran, wie sie es erreicht; besonders da doch in dieser Welt, so wie sie sich ihr darstellt, gerade die würdigen Mittel versagen müssen. Vielleicht hat sie sogar deshalb den Kampf um ihr Recht aus dem Gebiet des Gesanges auf ein anderes ihr wenig teures verlegt. Ihr Anhang hat Aussprüche von ihr in Umlauf gebracht, nach denen sie sich durchaus fähig fühlt, so zu singen, daß es dem Volk in allen seinen Schichten bis in die versteckteste Opposition hinein eine wirkliche Lust wäre, wirkliche Lust nicht im Sinne des Volkes, welches ja behauptet, diese Lust seit jeher bei Josefinens Gesang zu fühlen, sondern Lust im Sinne von Josefinens Verlangen. Aber, fügt sie hinzu, da sie das Hohe nicht fälschen und dem Gemeinen nicht schmeicheln könne, müsse es eben bleiben, wie es sei. Anders aber ist es bei ihrem Kampf um die Arbeitsbefreiung, zwar ist es auch ein Kampf um ihren Gesang, aber hier kämpft sie nicht unmittelbar mit der kostbaren Waffe des Gesanges, jedes Mittel, das sie anwendet, ist daher gut genug.

So wurde z. B. das Gerücht verbreitet, Josefine beabsichtige, wenn man ihr nicht nachgebe, die Koloraturen* zu kürzen. Ich weiß nichts von Koloraturen, habe in ihrem Gesange niemals etwas von Koloraturen bemerkt. Josefine aber will die Koloraturen kürzen, vorläufig nicht beseitigen, sondern nur kürzen. Sie hat angeblich ihre Drohung wahr gemacht, mir allerdings ist kein Unterschied gegenüber ihren früheren Vorführungen aufgefallen. Das Volk als Ganzes hat zugehört wie immer, ohne sich über die Koloraturen zu äußern, und auch die Behandlung von Josefinens Forderung hat sich nicht geändert. Übrigens hat Josefine, wie in ihrer Gestalt, unleugbar auch in ihrem Denken manchmal etwas recht Graziöses. So hat sie z. B. nach jener Vorführung, so als sei ihr Entschluß hinsichtlich der Koloraturen gegenüber dem Volk zu hart oder zu plötzlich gewesen, erklärt, nächstens werde sie die Koloraturen doch wieder vollständig singen. Aber nach dem nächsten Konzert besann sie sich wieder anders, nun sei es endgültig zu Ende mit den großen Koloraturen, und vor einer für Josefine günstigen Entscheidung kämen sie nicht wieder. Nun, das Volk hört über alle diese Erklärungen, Entschlüsse und Entschlußänderungen hinweg, wie ein Erwachsener in Gedanken über das Plaudern eines Kindes

*Schnell ausgeführte Gesangsverzierungen in hoher Stimmlage, die eine große Virtuosität erfordern

hinweghört, grundsätzlich wohlwollend, aber unerreichbar.

Josefine aber gibt nicht nach. So behauptete sie z. B. neulich, sie habe sich bei der Arbeit eine Fußverletzung zugezogen, die ihr das Stehen während des Gesanges beschwerlich mache; da sie aber nur stehend singen könne, müsse sie jetzt sogar die Gesänge kürzen. Trotzdem sie hinkt und sich von ihrem Anhang stützen läßt, glaubt niemand an eine wirkliche Verletzung. Selbst die besondere Empfindlichkeit ihres Körperchens zugegeben, sind wir doch ein Arbeitsvolk und auch Josefine gehört zu ihm; wenn wir aber wegen jeder Hautabschürfung hinken wollten, dürfte das ganze Volk mit Hinken gar nicht aufhören. Aber mag sie sich wie eine Lahme führen lassen, mag sie sich in diesem bedauernswerten Zustand öfters zeigen als sonst, das Volk hört ihren Gesang dankbar und entzückt wie früher, aber wegen der Kürzung macht es nicht viel Aufhebens.

Da sie nicht immerfort hinken kann, erfindet sie etwas anderes, sie schützt Müdigkeit vor, Mißstimmung, Schwäche. Wir haben nun außer dem Konzert auch ein Schauspiel. Wir sehen hinter Josefine ihren Anhang, wie er sie bittet und beschwört zu singen. Sie wollte gern, aber sie kann nicht. Man tröstet sie, umschmeichelt sie, trägt sie fast auf den schon vorher ausgesuchten Platz, wo sie singen soll. Endlich gibt sie mit undeutbaren Tränen nach, aber wie sie mit offenbar letztem Willen zu singen anfangen will, matt, die Arme nicht wie sonst ausgebreitet, sondern am Körper leblos herunterhängend, wobei man den Eindruck erhält, daß sie vielleicht ein wenig zu kurz sind – wie sie so anstimmen will, nun, da geht es doch wieder nicht, ein unwilliger Ruck des Kopfes zeigt es an und sie sinkt vor unseren Augen zusammen. Dann allerdings rafft sie sich doch wieder auf und singt, ich glaube, nicht viel anders als sonst, vielleicht wenn man für feinste Nuancen das Ohr hat, hört man ein wenig außergewöhnliche Erregung her-

aus, die der Sache aber nur zugute kommt. Und am Ende ist sie sogar weniger müde als vorher, mit festem Gang, soweit man ihr huschendes Trippeln so nennen kann, entfernt sie sich, jede Hilfe des Anhangs ablehnend und mit kalten Blik-
ken die ihr ehrfurchtsvoll ausweichende Menge prüfend.

So war es letzthin, das Neueste aber ist, daß sie zu einer Zeit, wo ihr Gesang erwartet wurde, verschwunden war. Nicht nur der Anhang sucht sie, viele stellen sich in den Dienst des Suchens, es ist vergeblich; Josefine ist verschwunden, sie will nicht singen, sie will nicht einmal darum gebeten werden, sie hat uns diesmal völlig verlassen.

Sonderbar, wie falsch sie rechnet, die Kluge, so falsch, daß man glauben sollte, sie rechne gar nicht, sondern werde nur weiter getrieben von ihrem ⌐Schicksal, das in unserer Welt
nur ein sehr trauriges werden kann⌐. Selbst entzieht sie sich dem Gesang, selbst zerstört sie die Macht, die sie über die Gemüter erworben hat. Wie konnte sie nur diese Macht erwerben da sie diese Gemüter so wenig kennt. Sie versteckt sich und singt nicht, aber das Volk, ruhig, ohne sicht-
bare Enttäuschung, herrisch, eine in sich ruhende Masse, die förmlich, auch wenn der Anschein dagegen spricht, Geschenke nur geben, niemals empfangen kann, auch von Josefine nicht, dieses Volk zieht weiter seines Weges.

Mit Josefine aber muß es abwärts gehn. Bald wird die Zeit
kommen, wo ihr letzter Pfiff ertönt und verstummt. Sie ist eine kleine Episode in der ewigen Geschichte unseres Volkes und das Volk wird den Verlust überwinden. Leicht wird es uns ja nicht werden; wie werden die Versammlungen in völliger Stummheit möglich sein? Freilich, waren sie nicht
auch mit Josefine stumm? War ihr wirkliches Pfeifen nennenswert lauter und lebendiger, als die Erinnerung daran sein wird? War es denn noch bei ihren Lebzeiten mehr als eine bloße Erinnerung? Hat nicht vielmehr das Volk in seiner Weisheit Josefinens Gesang, eben deshalb, weil er in
dieser Art unverlierbar war, so hoch gestellt?

Vielleicht werden wir also gar nicht sehr viel entbehren, Josefine aber, erlöst von der irdischen Plage, die aber ihrer Meinung nach Auserwählten bereitet ist, wird fröhlich sich verlieren in der zahllosen Menge der Helden unseres Volkes, und bald, da wir keine Geschichte treiben, in gesteigerter Erlösung vergessen sein wie alle ihre Brüder.

Kommentar

1883 Franz Kafka wird am am 3. Juli als erstes Kind von Julie
Kafka (geb. Löwy, 1856–1934) und Hermann Kafka
(1852–1931) in Prag geboren. Hermann Kafka war der
tschechisch erzogene Sohn eines jüdischen Fleischers und
betrieb einen Laden für modische Accessoires (»Galan-
teriewaren«); Julie Kafka war die deutsch erzogene
Tochter eines jüdischen Brauereibesitzers. Die beiden
Brüder Georg (1885–1887) und Heinrich (1887–1888)
sterben früh. Von den drei Schwestern Gabriele (Elli,
verh. Hermann, 1889–1942?), Valerie (Valli, verh. Pollak, 1890–1942?) und Ottilie (Ottla, verh. David,
1892–1943), die alle in Auschwitz ermordet wurden,
wird die jüngste zu seiner besonderen Vertrauensperson
innerhalb der Familie.

1889–1893 Besuch der »Deutschen Volks- und Bürgerschule«,
einer deutschen Knabenschule, am Prager Fleischmarkt.

1893–1901 Besuch des »Altstädter Deutschen Gymnasiums«
im Kinsky-Palais; Abitur. Im August 1901 verlässt Kafka
zum ersten Mal Böhmen und reist mit seinem Lieblingsonkel Siegfried Löwy (1867–1942) nach Norderney und
Helgoland.

1901–1906 Jurastudium an der Deutschen Universität in Prag;
Promotion zum Dr. iuris. Zwischenzeitlich studiert Kafka ein Semester Germanistik und besucht kunsthistori-
sche Vorlesungen.

1902–1904 Briefwechsel mit dem Schulfreund Oskar Pollak
(1883–1915); darin die älteste erhaltene Erzählung, die
*vertrackte Geschichte vom schamhaften Langen und
dem Unredlichen in seinem Herzen* (Dezember 1902),
und die Ankündigung, »ein Bündel« vorzubereiten, in
dem »nichts fehlen« wird als die »Kindersachen«: »Du
siehst, das Unglück sitzt mir von früh an auf dem Buckel«
(6.9.1903).

1902 Erste Begegnung mit Max Brod (1884–1968), der zu seinem engsten Freund und Vertrauten werden wird.

1904–1905 Die früheste erhaltene umfangreichere Prosaarbeit, die erste Fassung der Novelle *Beschreibung eines Kampfes*, entsteht.

1907 *Hochzeitsvorbereitungen auf dem Lande* (Romanfragment). Eintritt in die Versicherungsgesellschaft »Assicurazioni Generali« (Oktober 1907 bis Juli 1908).

1908 In der »Zweimonatsschrift« *Hyperion* erscheinen als erste Veröffentlichung Kafkas acht Prosastücke unter dem Titel »Betrachtung«. Ende Juli: Eintritt in die »Arbeiter-Unfall-Versicherungs-Anstalt für das Königreich Böhmen in Prag«, wo Kafka bis zu seiner Frühpensionierung am 1. Juli 1922 angestellt bleibt.

1909 Das *Gespräch mit dem Beter* und das *Gespräch mit dem Betrunkenen* aus der *Beschreibung eines Kampfes* erscheinen im *Hyperion*. Ferienaufenthalt mit Max und Otto Brod in Riva am Gardasee; gemeinsamer Besuch der Flugwoche in Brescia. *Die Aeroplane in Brescia*, eine auf Anregung Brods entstandene Reportage, wird in der deutschsprachigen Prager Tageszeitung *Bohemia* abgedruckt. – Beginn der überlieferten Tagebuchaufzeichnungen.

1910 Brod rettet das Manuskript der *Beschreibung* vor der Vernichtung durch den Autor. Im Tagebuch entsteht *Unglücklichsein*, die Schlusserzählung von *Betrachtung*. – Reisen nach Paris und Berlin.

1911 Freundschaft mit dem ostjüdischen Schauspieler Jizchak Löwy (1887–1942, Treblinka), dessen Truppe bis 1912 in Prag gastiert. Die Beschäftigung mit der jiddischen Theatertradition regt ihn Ende des Jahres zu seinen im Tagebuch festgehaltenen Gedanken über »kleine Litteraturen« an. Eine nicht überlieferte »erste Fassung« des Amerikaromans entsteht.

1912 Im Februar veranstaltet Kafka einen Vortragsabend mit Löwy und hält einen *Einleitungsvortrag über Jargon* (mit »Jargon« ist die jiddische Sprache gemeint), der, zusammen mit den Fragmenten über »kleine Litteraturen«, eine der wichtigsten Äußerungen Kafkas über sein Verhältnis zur Sprache und zur Literatur darstellt. *Betrachtung*,

Kafkas erste Buchveröffentlichung, erscheint im Rowohlt (ab 1913: Kurt Wolff) Verlag. Am 13. August lernt er seine spätere Verlobte Felice Bauer (ab 1919 verh. Marasse, 1887–1960) bei Max Brod kennen; seinen ersten Brief an sie schreibt er am 20. September. In der Nacht vom 22. auf den 23. September entsteht *Das Urteil*, bis zum Ende des Monats *Der Heizer*, das erste Kapitel des *Verschollenen* (»Amerika«). Kafka schreibt *Die Verwandlung* und die meisten weiteren Kapitel des Amerikaromans. Bei einem »Prager Autorenabend« der Herdervereinigung am 4. Dezember trägt er öffentlich *Das Urteil* vor.

1913   März: erster Besuch bei Felice Bauer in Berlin. *Der Heizer* erscheint in der Buchreihe *Der jüngste Tag*, *Das Urteil* in dem von Brod herausgegebenen literarischen Jahrbuch *Arkadia*. September: Reise Wien–Triest–Venedig–Riva. Dort Affäre mit G. W. (das ist Gerti Wasner, die »Schweizerin«). Im Tagebuch (21. Oktober) erster Hinweis auf den *Jäger-Gracchus*-Stoff (»Im kleinen Hafen eines Fischerdorfes...«). Zwischen Februar 1913 und Juli 1914 stagniert die literarische Arbeit. Die Beziehung zwischen Kafka und Felice Bauer entwickelt sich krisenhaft. Beginn eines intensiven Briefwechsel mit Grete Bloch (1892–1944, Auschwitz), einer Freundin Felice Bauers, die zwischen beiden vermittelt.

1914   1. Juni: Offizielles Verlöbnis mit Felice Bauer in Berlin. 12. Juli: Auflösung des Verlöbnisses im Hotel »Askanischer Hof«; Kafka spricht später vom »Gerichtshof im Hotel«. Noch im Juli beginnt Kafka die Arbeit an dem *Process*-Roman; zum ersten Mal kann er außerhalb der elterlichen Wohnung in eigenen Zimmern bei seinen älteren Schwestern arbeiten. Der ausbrechende Erste Weltkrieg findet in dem Tagebucheintrag vom 2. August 1914 seinen Niederschlag: »Deutschland hat Rußland den Krieg erklärt. – Nachmittag Schwimmschule«. – Oktober: Das »Oklahama«-Kapitel [!] des *Verschollenen* und *In der Strafkolonie* entstehen. Wiederaufnahme des Briefwechsels mit Felice Bauer. Dezember: *Vor dem Gesetz*, *Der Dorfschullehrer*.

1915 Das *Blumfeld*-Fragment entsteht. Kafka mietet ein eigenes Zimmer. Er trifft Felice Bauer (Mai/Juni). *Die Verwandlung* erscheint in der Monatsschrift *Die weißen Blätter* und im Dezember in *Der jüngste Tag*. Carl Sternheim 1885–1940) gibt das Preisgeld für den Fontane-Preis an Kafka weiter.

1916 Kafka bemüht sich vergeblich um eine Aufhebung seiner »Reklamation«, d. h. der Befreiung vom Kriegsdienst, die er als Beamter der Versicherungsanstalt genießt. Im Juli Aufenthalt mit Felice Bauer in Marienbad, im November in München, wo er *In der Strafkolonie* vorträgt. Von November 1916 bis Mai 1917 arbeitet Kafka in einem Häuschen in der Prager Alchimistengasse, das ihm seine Schwester Ottla zur Verfügung stellt. In den so genannten »acht Oktavheften« (in Wirklichkeit wohl neun, da mindestens eines nicht überliefert ist) entstehen dort u. a. die Texte des *Landarzt*-Bandes (außer den älteren *Vor dem Gesetz* und *Ein Traum*), der *Kübelreiter*, das *Jäger-Gracchus*-Fragment, *Beim Bau der Chinesischen Mauer* und der *Nachbar*.

1917 Kafka beginnt Hebräisch zu lernen. Im Juli zweite Verlobung mit Felice Bauer. August: Heftiger Bluthusten, als dessen Ursache im September Tuberkulose diagnostiziert wird. Den Ausbruch der Krankheit nimmt Kafka zum Anlass, das Verlöbnis mit Felice Bauer endgültig zu lösen (offiziell im Dezember); letzter Brief an sie am 16. Oktober. In den Oktavheften entstehen u. a. zahlreiche Aphorismen und der *Sirenen*-Text (23. oder 24. Oktober). Ab September lebt Kafka für acht Monate auf dem Land bei Ottla in Zürau (Nordböhmen).

1918 Die letzten beiden Oktavhefte entstehen, darin u. a. der *Prometheus*-Text (Januar) und das *Tempelbau*-Fragment (Frühjahr). Kafka stellt ein Konvolut mit Aphorismen zusammen, das er 1920 um weitere acht Zettel ergänzt. Im Mai nimmt er seine Arbeit in der Arbeiter-Unfall-Versicherungs-Anstalt wieder auf. – Die militärische Niederlage der Mittelmächte beschleunigt den endgültigen Zerfall der Donaumonarchie. Am 28. Oktober wird die Tschechische Republik ausgerufen.

1919   Kafka verlobt sich mit der jüdischen Tschechin Julie
       Wohryzek (1891–1939). Der für November anberaumte
       Hochzeitstermin scheitert; die Verlobung wird im Juli
       1920 aufgelöst. Kafka verfasst den so genannten *Brief an
       den Vater*, den dieser allerdings nie zu lesen bekommt. *In
       der Strafkolonie* erscheint im Kurt Wolff Verlag.

1920   Der Band *Ein Landarzt* erscheint im Kurt Wolff Verlag
       (mit Impressum 1919). Die *Er*-Aphorismen und zahlrei-
       che Erzählungen, darunter *Zur Frage der Gesetze, Die
       Truppenaushebung, Poseidon, Das Stadtwappen, Die
       Prüfung, Der Geier, Kleine Fabel* und *Der Kreisel*, ent-
       stehen. Liebesbeziehung und Beginn des Briefwechsels
       mit der tschechischen Journalistin Milena Jesenská (verh.
       Pollak, 1896–1944, Ravensbrück), die, als erste Überset-
       zerin von Kafka überhaupt, einige seiner Dichtungen ins
       Tschechische überträgt.

1921   Dezember 1920 bis August 1921 verbringt Kafka in Mat-
       liary in einem Lungensanatorium in der Hohen Tatra, wo
       er den jungen Mediziner Robert Klopstock (1899–1972)
       kennen lernt, der dort auch Patient ist. Ab Ende August
       noch einmal zwei Monate Büroarbeit, dann Beurlaubung
       bis zur Pensionierung am 1. Juli 1922. Im Spätjahr ver-
       fasst Kafka das erste der so genannten zwei »Testamen-
       te«, in denen er von dem als Nachlassverwalter eingesetz-
       ten Max Brod die Vernichtung seines gesamten literari-
       schen Nachlasses verlangt. Brod wird diese Testamente
       1925 im Nachwort zu seiner Edition des *Process*-Ro-
       mans veröffentlichen und begründen, warum er Kafkas
       Wunsch nicht nachgekommen ist.

1922   Februar bis August: Arbeit am *Schloss*-Roman. Weiter-
       hin entstehen u. a. *Erstes Leid, Fürsprecher, Ein Hun-
       gerkünstler, Forschungen eines Hundes, Das Ehepaar*
       und *Viele beklagten sich …* Kafka schreibt das zweite
       der beiden »Testamente« (29. November).

1923   Kafka lernt intensiv Hebräisch. Juli/August: Urlaub mit
       der Schwester Elli im Ostseebad Müritz, wo er die aus
       Polen stammende, in ostjüdisch-chassidischer Tradition
       erzogene Dora Diamant (1902–1952) kennen lernt, die

dort in einem jüdischen Ferienheim für Kinder arbeitet. Am 24. September übersiedelt er zu ihr nach Berlin. Es entstehen die Erzählungen *Der Bau* und *Eine kleine Frau*. Dora Diamant verbrennt auf Kafkas Anweisung zahlreiche Manuskripte; der bei ihr verbliebene Teil von Kafkas Nachlass wird später von den Nazis beschlagnahmt und muss als verloren gelten.

1924   Rückübersiedlung nach Prag. Kafka schreibt *Josefine, die Sängerin oder Das Volk der Mäuse*. Die Krankheit hat auf den Kehlkopf übergegriffen, so dass Kafka kaum noch essen, trinken und sprechen kann. Er kommt nach Wien, zuletzt in das »Sanatorium Dr. Hoffmann« in Kierling, wo er von Dora Diamant und Robert Klopstock gepflegt wird. Er kommuniziert schriftlich über »Gesprächsblätter«. Kafka liest die Druckfahnen für seine letzte Publikation, den *Hungerkünstler*-Band, Korrektur. Er stirbt am 3. Juni und wird am 11. Juni auf dem jüdischen Friedhof in Prag-Straschnitz begraben. *Ein Hungerkünstler. Vier Geschichten* erscheint Ende August im Berliner Verlag Die Schmiede.

Zu dieser Auswahl

Sich bei der Herausgabe einer Sammlung auf einige wenige Texte zu beschränken fällt nie leicht. Bei einem Autor wie Kafka, der auch in beiläufigen Notizen, in Briefen und selbst seinen amtlichen Gutachten immer der Sprachkünstler bleibt, der er in seinen besten Erzählungen ist, fällt es jedoch besonders schwer. Dennoch unternimmt die vorliegende Auswahl den Versuch eines repräsentativen Querschnitts durch Kafkas erzählerisches Werk (unter Ausschluss der Romane). »Repräsentativ« meint dabei dreierlei: Erstens sind, mit einem Schwerpunkt auf den mittleren und späten Erzählungen, alle Werkphasen vertreten. Die chronologische Anordnung der Texte ermöglicht es, die literarische Entwicklung Kafkas von seinen impressionistischen Anfängen (*Kinder auf der Landstraße*) bis zu seinem letzten Text (*Josefine*) nachzuvollziehen. Zweitens vereinigt der Band verschiedene Erzähltypen, die Kafka in der Breite seiner erzählerischen Möglichkeiten zeigen. Einzelne Texte lassen sich dabei zu Gruppen zusammenfassen, was zum Vergleich auffordert: Kurze, aphoristische Texte wie das *Tempelbau*-Fragment, der *Kreisel* und *Viele beklagten sich . . .* stehen neben den Travestien der *Prometheus*- und der *Sirenen*-Sage; Texte, die auf einer Figurenkonstellation aufgebaut sind wie *Das Urteil* oder *Ein Landarzt*, stehen neben den Künstler- und Tiernovellen *Ein Bericht für eine Akademie*, *Ein Hungerkünstler* und *Josefine*. Der *Jäger Gracchus* bildet – zusammen mit dem *Sirenen*-Text – so etwas wie das Zentrum des Kafka'schen Erzählkosmos; der Kommentar deutet die Verbindungslinien zu den anderen Texten an. Und drittens enthält der Band weitere Erzählungen, die im Kanon der Schullektüre fest etabliert sind und die für die Renaissance einer bestimmten Erzählgattung im 20. Jahrhundert stehen: der Parabel. Hierzu gehören *Vor dem Gesetz*, *Auf der Galerie*, *Der Kübelreiter*, *Eine kaiserliche Botschaft*, *Der Nachbar* und die *Kleine Fabel*. Vermissen wird man *In der Strafkolonie*. Diese Erzählung wird, wie bereits *Die Verwandlung*, in der Suhrkamp BasisBibliothek separat vorgelegt werden.

Die Orthographie der Texte Kafkas richtet sich nach der *Kriti-*

schen Ausgabe des S. Fischer Verlags, und zwar bei von Kafka selbst publizierten Texten nach dem Band *Drucke zu Lebzeiten*, herausgegeben von Wolf Kittler, Hans Gerd Koch und Gerhard Neumann, Frankfurt/M. 1994, bei den nachgelassenen Texten nach den Bänden *Nachgelassene Schriften und Fragmente I*, herausgegeben von Malcolm Pasley, Frankfurt/M. 1993, und *Nachgelassene Schriften und Fragmente II*, herausgegeben von Jost Schillemeit, Frankfurt/M. 1992. Bei der Erstellung der »Textgeschichten« wurde dankbar auf die Ausführungen der zugehörigen Apparatbände zurückgegriffen.

Kafka und sein Publikum – Interpretationslinien

Über keinen Autor des 20. Jahrhunderts ist so viel geschrieben worden wie über Kafka, und noch wächst die Bibliothek der Kafka-Sekundärliteratur ungebremst. Aber auch die Literatur der Moderne selbst ist in ihrer Entwicklung ohne Kafka nicht zu denken – ob Samuel Beckett (1906–1989), Jorge Luis Borges (1899–1986) oder Thomas Bernhard (1931–1989): Die literarische Wirkung Kafkas weltweit ist kaum zu überschätzen. Und dabei steht am Anfang der Kafka-Rezeption der Versuch, sie zu verhindern, und zwar durch den Autor selbst: Auf zwei handgeschriebenen, an Max Brod adressierten Zetteln verfügte Kafka, dass sein gesamter literarischer Nachlass zu vernichten sei. Die von Kafka selbst zum Druck beförderten Erzählungen hätten zwar sicher ausgereicht, ihm einen Platz in der Literaturgeschichte zu sichern; die einzigartige Rezeptionskarriere, die sein Werk mit großer zeitlicher Verzögerung nach seinem Tod erlebt hat, ist ohne seine hinterlassenen Schriften, insbesondere die Romane *Process* (so der korrekte Titel) und *Das Schloss*, aber nicht zu denken. Es hat eine breite, sehr polemische und auch heute noch zuweilen auflebende Diskussion darüber gegeben, ob Brod dem Wunsch des Freundes habe zuwiderhandeln dürfen. In seinem Nachwort zu der ersten Ausgabe des *Prozesses* von 1925 legt Brod Rechenschaft ab über sein Vorgehen und macht klar, dass Kafka gewusst haben muss, dass er ihm diesen, zu Lebzeiten auch mündlich schon geäußerten Wunsch nicht erfüllen würde.

Abgesehen davon, dass die Vernichtung von Kafkas Werk ein Akt der Barbarei im Dienste einer vermeintlichen Moral gewesen wäre, stehen Kafkas »Testamente« in einem sonderbaren Widerspruch zu der Tatsache, dass Kafka zu Lebzeiten durchaus ein Publikum gesucht hat: Als junger Mann integriert er Erzählungen und Gedichte in Briefe an Freunde und Freundinnen; er trägt Texte von sich seinen Schwestern, den Eltern, im Freundeskreis und auch seinen Lebenspartnerinnen vor; durchaus geschickt bringt er immer wieder Erzählungen in Zeitschriften und Wochenendbeilagen unter; an dem Ziel, sich eine schriftstelle-

Die Testamente

rische Existenz aufzubauen (Joachim Unseld hat diesen Aspekt von Kafkas Leben ins Zentrum seines Kafka-Buches gestellt), sind seine »Heiratsversuche« gescheitert, und noch hinter der Übersiedlung nach Berlin in seinem letzten Lebensjahr steht der Wunsch, das Schreiben zum Beruf zu machen. Noch bedeutsamer aber ist vielleicht, dass Kafka sich in seinen Aufzeichnungen und seinen Erzählungen immer wieder der Frage nach den Bedingungen künstlerischer Wirkung stellt und gerade auch das »Verschwinden« eines Werkes oder einer Tradition oder den Verlust einer erzählbaren Geschichte zum Thema macht (der Kommentar weist diese Motivschicht im Einzelnen nach). So gesehen stünde hinter den »Testamenten« folgende paradoxe Anweisung: Lass mein Werk sein Verschwinden erzählen, vernichte es, *indem* du ihm das Publikum verschaffst, das es verdient. Einer der ersten großen Leser und Interpreten Kafkas, Walter Benjamin (1892–1940), vermutet in seinem Brief an Gershom Scholem (1897–1982) vom 6. Juni 1938 wahrscheinlich zu Recht: »Er war offenbar nicht gewillt, vor der Nachwelt die Verantwortung für ein Werk zu tragen, um dessen Größe er doch wußte«, und: »Kafka mußte den Nachlaß wohl dem anvertrauen, der ihm den letzten Willen nicht würde tun wollen« (Walter Benjamin/Gershom Scholem: *Briefwechsel 1933–1940*. Hg. von Gershom Scholem. Frankfurt/M. 1980, S. 267).

M. Brod Max Brod hat den größten Teil von Kafkas Werk jedoch nicht nur gerettet, sondern er hat, zunächst mit den Nachworten zu den Romanen, dann durch zahlreiche Aufsätze und schließlich mit seiner Kafka-Biografie (1938) und zwei Monografien (*Franz Kafkas Glauben und Lehre*, 1948; *Verzweiflung und Erlösung im Werk Franz Kafkas*, 1959) die Kafka-Rezeption, zumindest in ihrer ersten Phase, maßgeblich beeinflusst. Die Titel der beiden jüngeren Bücher geben den Tenor von Brods Sicht auf Kafka ungebrochen wieder: Seiner festen Überzeugung nach handelt es sich bei Kafkas Texten um Allegorien einer gottlos gewordenen Welt, die indes für den wahrhaft Suchenden Erlösung bereithält. Für ihn steht außer Zweifel, dass Kafka den »wahren Weg« – so steht es in dem Titel, den Brod einer Sammlung von Kafka-Aphorismen gegeben hat – im Judentum gesehen hat. Doch auch wenn sich Kafka intensiv mit Stoffen der alttestamentarischen

Mythologie auseinander gesetzt und sogar eine Auswanderung nach Palästina in Erwägung gezogen und durch Hebräischstudien vorbereitet hat; auch wenn, wie v. a. neuere Forschungen gezeigt haben (Grözinger, Mosès, Robertson), Kafka auf Stoffe und Erzähltraditionen der Juden zurückgreift, ist es doch sehr fraglich, ob er als ein im engeren Sinne religiöser Schriftsteller zu bezeichnen ist. Völlig haltlos indes sind die verschiedentlich unternommenen Bemühungen, Kafkas Werk für das Christentum zu reklamieren.

Die Frage nach Kafkas Weltanschauung kennzeichnet bereits die ersten Versuche, Kafkas Werk in seiner Gesamtheit zu charakterisieren. So betont Hugo Friedrich (1904–1978) im April 1930 in der *Neuen Schweizer Rundschau*, dass es sich bei Kafka »um nichts mehr und nichts weniger als um eine religiöse Existenz« handele, und spricht ihm vor diesem Hintergrund jeden »Humor« ab: »Er bringt es höchstens zu bleicher Skurrilität. Er hat die Radikalität und den Jubel des Eiferers und die Finsternis des Geschlagenen« (Born, *Kritik und Rezeption 1924–1938*, S. 248 u. 252). Dem widerspricht wenig später in derselben Zeitschrift Egon Vietta (1903–1959): »Hätte Kafka an die göttliche Lenkung menschlichen Schicksals geglaubt [...], so würde sein Werk in sich selbst aufgehoben und zur sinnlosen Blasphemie.« Stattdessen erkennt Vietta bei Kafka einen »vertieften Existenzbegriff«, eine von »Weltangst« gezeichnete neue »Wirklichkeitserfassung«, die Kafkas Werk »zur bevorzugten Erkenntnisquelle für eine neue Geisteshaltung« (ebd., S. 258 u. 265 f.) werden lässt – eine Geisteshaltung, die unter dem Namen *Existentialismus* in die Philosophie- und Geistesgeschichte eingegangen ist und für die 1943 Albert Camus (1913–1960) Kafka als einen seiner Kronzeugen reklamieren wird.

Existentialismus

Eine andere Interpretationslinie wird von Walter Benjamin in seinem Essay *Franz Kafka. Zur zehnten Wiederkehr seines Todestages* von 1934 eingeschlagen, der zum größeren Teil jedoch erst aus dem Nachlass heraus veröffentlicht wurde. In zahlreichen Metaphern beschreibt Benjamin die »Zwischenwelt«, in der Kafkas Geschichten angesiedelt seien; er erkennt in Gesten und Gebärden sowie im Thema des Vergessens zentrale Strukturmomente seiner Dichtungen und macht, indem er sich gegen

W. Benjamin

die theologische und die psychoanalytische Deutung gleichermaßen stellt, die beide auf eine Allegorese der Kafka'schen Rätseltexte hinauslaufen, zentrale Aussagen über deren spezifische Parabolik: »Kafka verfügte über eine seltene Kraft, sich Gleichnisse zu schaffen. Trotzdem erschöpft er sich in dem, was deutbar ist, niemals, hat vielmehr alle erdenklichen Vorkehrungen gegen die Auslegung seiner Texte getroffen« (S. 22). Der Benjamin'sche Ansatz wird v. a. zunächst durch Theodor W. Adorno (1903–1969), der sich mit Benjamin bis zu dessen Tod im Jahre 1940 über Kafka ausgetauscht hatte, aufgegriffen. Seine *Aufzeichnungen zu Kafka* (1942–1953, publiziert 1953) gehen von einer »Parabolik« aus, »zu der der Schlüssel entwendet ward« (S. 255). Stärker als Benjamin jedoch sieht Adorno bei Kafka Reflexe und Antizipationen von Hierarchien und totalitären Strukturen am Werk – in diesem Punkt Max Brod nicht unähnlich, der, man mag zu solchen Aussagen stehen, wie man will, immer Kafkas prophetisches Potential im Hinblick auf die Katastrophen des 20. Jahrhunderts betont hat. Ex negativo kommt hier ein teleologisches Geschichtsverständnis zum Tragen, das letztlich von einer Entwicklung zum Guten hin, einem »Fortschritt« ausgeht: »Zur Hölle wird bei Kafka die Geschichte, weil das Rettende versäumt ward« (S. 273). Der Begriff der »Rettung« spielt bei Kafka allerdings eine zentrale Rolle, doch nimmt er bei ihm – vgl. hierzu insbesondere den Kommentar zum *Sirenen*-Text – eine höchst problematische und rätselhafte Bedeutung an.

Sehr früh hat auch die psychoanalytische Deutung Kafkas eingesetzt, die für sich beanspruchen kann, dass Kafka mit der Gedankenwelt Sigmund Freuds (1856–1939), die zu seinen Lebzeiten ja noch im Entstehen begriffen war, vertraut war und etwa bereits in seinem Selbstkommentar zum *Urteil* vermerkt: »Gedanken an Freud natürlich« (T 461, 23.9.1912). Und eine Erzählung wie *Ein Landarzt* bietet geradezu einen Musterkatalog an psychoanalytisch verwertbaren Symbolen. Gerade hierin liegt aber auch eine Gefahr für die Interpretation. Wenn man heute Hellmuth Kaisers Essay *Franz Kafkas Inferno* (1931) liest, kann man sich des Eindrucks nicht ganz erwehren, dass hier ein Generalschlüssel zur Anwendung kommt, der so ziemlich in jedes Schloss passt und doch das Eigentliche (wenn es so etwas denn gibt) verfehlt. Trotz dieses Vorbehalts bietet die Psychoanalyse ein brauchbares, wenn auch zuweilen ein wenig zu wohlfeiles Instrumentarium, um sich einen ersten Zugang zu Kafkas Texten zu verschaffen. Und in der Tat finden psychoanalytische Momente Eingang in zahlreiche Interpretationsansätze; zu nennen sind hier v. a. die umfangreiche Studie von Walter H. Sokel (*Tragik und Ironie*, 1964), die Arbeiten von Hans H. Hiebel und Jacques Derridas Essay *Vor dem Gesetz*.

Relativ spät sind die spezifischen sprachlichen und formalen Mittel der Kafka'schen Prosa als Bedingung ihrer Suggestivität in den Blick geraten. Besondere Bedeutung kommt hier einem Vortrag Friedrich Beißners (1905–1977) aus dem Jahre 1951 zu, in dem die strenge Perspektivierung der Erzählsituation herausgestellt wird: Mit dem – nicht ganz glücklich gewählten – Begriff der »Einsinnigkeit« bezeichnet Beißner die Tatsache, dass Kafkas Texte sich konsequent und ausschließlich auf die Wahrnehmungswelt einer Zentralfigur beschränken; einen Standpunkt außerhalb des Textes gibt es nicht, was wesentliche Ursache der Beklemmung ist, die von Kafkas Erzählungen ausgeht. Als Schüler von Beißner hat Martin Walser (* 1927) 1951 in seiner Dissertation *Beschreibung einer Form* Bauformen und Strukturprinzipien von Kafkas Romanen beschrieben. Diese »werkimmanente Methode«, die idealerweise keine zusätzlichen Informationen und Theorieansätze von außen an ihren Gegenstand heranträgt, ist Programm: Will Walser doch dadurch, dass er die Kafka'schen Erzählwelten aus sich selbst heraus durch die »Beschreibung ihrer Form« zu verstehen versucht, »Kafka vor seinen Interpreten schützen« – so im Nachwort zu der veröffentlichten Fassung von 1961. Walser selbst sieht diesen Ansatz in der 1958 erschienenen Monografie von Wilhelm Emrich (1909–1998), der ersten großen Gesamtdarstellung des Kafka'schen Œuvre, verwirklicht – eine Ansicht, der man heute eher widersprechen wird, da sich Emrich von dem Gedanken einer universellen Symbolik nicht zu lösen vermag. Dennoch stellt Emrichs Studie einen Meilenstein der Kafka-Forschung dar, der die großen Gesamtdarstellungen von Heinz Politzer (*Parable and Paradox* 1962; deutsch 1965) und Walter H. Sokel ermög-

Werkimmanente Interpretation

W. Emrich

lichte sowie formanalytische Arbeiten wie den Aufsatz von Gerhard Neumann zum »gleitenden Paradox« (1968) und die große Studie von Jörgen Kobs (1970) vorbereitete. Zu nennen sind in diesem Zusammenhang auch gattungstheoretische Überlegungen im Kontext einer Neubewertung des Parabelbegriffs (vgl. hierzu die Beiträge in dem von Josef Billen herausgegebenen Sammelband zur modernen Parabel [1985] und die Monografie *Die moderne Parabel* von Theo Elm [1991]).

Biografische
Ansätze

Äußerst verdienstvoll und für die eingehendere Beschäftigung mit Kafka unentbehrlich sind die Arbeiten Klaus Wagenbachs und v. a. Hartmut Binders, die in zahlreichen Monografien und Einzelanalysen das geschichtliche und biografische Umfeld erschließen, dem Kafkas Schriften ihre Existenz verdanken. Diese biografisch-positivistische Herangehensweise wird, mit stärkerer Spezialisierung auf Einzelfragen, fortgeführt und durch theoretische Fragestellungen ergänzt von Autoren wie Walter Bauer-Wabnegg (Kafkas Interesse für Varieté, Jahrmarkt, Zirkus etc.), Wolf Kittler (Komunikation und Kommunikationstechnologien), Detlef Kremer (Konkurrenz von Schreiben und L[i]eben), Peter Höfle (Selbstwahrnehmung als geschichtliches Subjekt). Die immer genauere Kenntnis der Entstehungsbedingungen und Quellen von Kafkas Werk kann viel zum Verständnis von seinen Texten beitragen. Zuweilen gerät die detektivisch-archivalische Entdeckerfreude jedoch zum Selbstzweck: Dann nämlich, wenn die einzelnen Funde nicht für die Interpretation genutzt werden, sondern gleichsam als »Lösungen« für Kafkas »Rätsel«texte herhalten müssen. Ohne Zweifel reagiert Kafka mit seinen Texten sehr unmittelbar auf biografische Ereignisse – was bei einem Schriftsteller, der sich in einem solchen Maße mit dem Schreiben identifiziert hat wie Kafka, nicht verwundern kann –, doch wäre es ein Fehler zu glauben, seine Texte seien nichts anderes als eine verschlüsselte Autobiografie. Jeder ernst zu nehmende Autor »schöpft« aus seiner Erfahrungswelt (das Gegenteil sind Kitsch und Kolportage, denen das Zusammensetzen vorgefertigter Versatzstücke gemein ist), und da diese im Falle Kafkas außerordentlich eng ist, entsteht besonders leicht der Eindruck einer direkten Transposition von Erlebtem ins Medium der Literatur. Die Bedingungen der Textentstehung aufzuklären ist aber nur ein erster, und vielleicht gar nicht immer notwendiger Schritt des Textverständnisses. Dies betont auch Rainer Stach in seiner Kafka-Biografie, deren erster, die mittleren »Jahre der Entscheidungen« (1910 bis 1915) umfassender Band vorliegt. Stach gelingt es, auf nicht zu beweisende Mutmaßungen zu verzichten und dennoch ein überaus lebendiges und plausibles Bild seines Autors in seiner Zeit zu zeichnen.

Angesichts des unübersehbaren Umfangs der Kafka-Literatur konnte hier nur eine kleine, notwendigerweise auch mit dem Moment des Zufalls behaftete Auswahl vorgestellt werden. Auch wäre es dem Zweck der hinführenden Einleitungen zu den einzelnen Erzählungen nicht angemessen, wenn einzelne Forschungspositionen in aller Ausführlichkeit referiert würden. Auf Forschungsergebnisse meines eigenen Kafka-Buchs greife ich stillschweigend zurück; das gilt insbesondere für den *Jäger Gracchus*, den *Bericht für eine Akademie*, den *Sirenen*-Text, das *Tempelbau*-Fragment, den *Kreisel* und die *Josefine*. Fehlt noch ein Hinweis auf den zweifelhaften dokumentarischen Wert der – gleichwohl noch immer häufig zitierten – *Gespräche mit Kafka*, die Gustav Janouch 1951 und erweitert 1968 herausgebracht hat. Eduard Goldstücker hat nachgewiesen, dass die von Janouch vorgetragenen Äußerungen seines Kafka nur zu einem geringen Teil von Kafka selbst stammen können.

»Schreiben als Form des Gebets« –
Kafkas schriftstellerisches Programm

In dem aus der *Beschreibung eines Kampfes* ausgekoppelten *Gespräch mit dem Beter*, das Kafka 1909 separat publizierte, stellt in einer Kirche die Ich-Figur einen jungen Mann zur Rede, der mit seiner demonstrativen Art zu beten die Blicke der Gläubigen auf sich zieht. Der »Beter« klärt den Beschwerdeführer darüber auf, dass es »der Zweck« seines Lebens sei, »von den Leuten angeschaut zu werden« (D 388). Er eröffnet so den Reigen von Kafkas Künstlerfiguren, die eine »charakteristische Lebensäußerung« – so heißt es in *Josefine oder Das Volk der Mäuse* – zum Gegenstand ihrer Kunst machen: der Beter das Beten, der Affe im *Bericht für eine Akademie* das »Nachäffen«, der Appetitlose das Hungern und eben – jedenfalls in der Geschichte – die Maus das Pfeifen. Doch eigentlich ist der Beter ein Geschichtenerzähler. Dieser »Mensch«, so die Erzählerfigur, habe sie »gezwungen, ihm zuzuhören« (D 390) – und, durch die Wiedergabe seiner Erzählungen, selbst zum Erzähler zu werden.

In einer Notiz Kafkas aus dem Jahr 1920 heißt es: »Schreiben als Form des Gebets« (N2 354). Und in einer berühmt gewordenen Formulierung – sie stammt aus dem Entwurf eines Briefes an den möglichen Schwiegervater Carl Bauer, den er doch eigentlich von der Unbedenklichkeit seines Heiratsvorhabens hätte überzeugen sollen – schreibt Kafka: »Mein Posten ist mir unerträglich, weil er meinem einzigen Verlangen und meinem einzigen Beruf das ist die Litteratur widerspricht. Da ich nichts anderes bin als Litteratur und nichts anderes sein kann und will, so kann mich mein Posten niemals zusich reißen, wohl aber kann er mich gänzlich zerrütten« (21.8.1913, T 579). So wäre denn die »charakteristische Lebensäußerung«, die Kafka für sich reklamiert, das Schreiben: eine Art Kunstbeterei, die durchaus – was bei der Publikationsscheu Kafkas verwundern mag – »angeschaut zu werden«, sprich: gelesen zu werden verlangt.

Die extreme Identifizierung Kafkas mit dem Schreiben, die letztlich den Grund für seine Lebenskrise wie auch die »Rettung« aus ihr darstellt, hat unmittelbare Auswirkungen auf die Texte selbst. Deren spezifische Paradoxalität lässt sich nämlich nicht zuletzt aus dem Rückbezug des Schreibvorgangs auf sich selbst herleiten: Das Ungenügen an einer auf das Schreiben reduzierten Existenz ist für Kafka nur dadurch aufzuheben, dass sich das Schreiben selbst als scheiterndes thematisiert. Kafka hat dieses Verfahren, Derridas Begriff der »Dekonstruktion« vorwegnehmend, in einem Aphorismus von 1918 als »aufbauende Zerstörung« (N2 105) bezeichnet. Es steht in engem Zusammenhang mit dem literaturtheoretischen Programm, das er im Winter 1911/1912 während seiner Beschäftigung mit jiddischer Literatur entwickelt.

Die jiddische Erzähl- und Theatertradition ist für Kafka der Modellfall einer »kleinen Literatur«, insofern diese sich keiner Literaturgeschichte einschreiben lasse, sondern »Angelegenheit des Volkes« (T 315) sei. Damit ist gemeint, wie Gilles Deleuze und Félix Guattari ausführen, dass es einen »Gegensatz zwischen Leben und Schreiben, zwischen Kunst und Leben [. . .] nur aus der Sicht einer großen Literatur« gibt (S. 58). »Kleine Literaturen« konstituieren sich gewissermaßen als »charakteristische Lebensäußerungen«; gerade in der Beiläufigkeit ihrer Äußerungsformen bilden sie die Existenzbedingung ihres »Volkes«.

Von großer Bedeutung im Hinblick auf seine eigenen Erzählungen ist die Art der Beziehung, die Kafka bei einem Vortragsabend des ostjüdischen Schauspielers Jizchak Löwy in seinem *Einleitungsvortrag über Jargon* zwischen dem Jiddischen (dem »Jargon«) und dem Deutschen entwirft: »Glücklicherweise ist aber jeder der deutschen Sprache Kundige auch fähig Jargon zu verstehen. Denn von einer allerdings großen Ferne aus gesehn, wird die äußere Verständlichkeit des Jargon von der deutschen Sprache gebildet; das ist ein Vorzug vor allen Sprachen der Erde. Sie hat dafür auch gerechterweise einen Nachteil vor allen. Man kann nämlich Jargon nicht in die deutsche Sprache übersetzen. Die Verbindungen zwischen Jargon und Deutsch sind zu zart und bedeutend, als daß sie nicht sofort zerreißen müßten, wenn Jargon ins Deutsche zurückgeführt wird, d. h. es wird kein Jargon mehr zurückgeführt, sondern etwas Wesenloses« (N1 192). Bernhard Siegert macht dieses Scheitern einer Übersetzung we-

Kafkas *Einleitungsvortrag über Jargon*

niger an einer »Reduktion« der »Polysemie« der einzelnen Wörter als vielmehr »an der Inkompatibilität zweier unterschiedlicher Zeichenstrukturen« fest (S. 228). Genau dieser Effekt droht, wenn man Kafka mit den Mitteln der Interpretation »übersetzt«. Denn auch Kafkas Erzählungen liegt ein »Jargon« zugrunde, dem die deutsche Sprache lediglich die »äußere Verständlichkeit« zur Verfügung stellt. Wenn es in der *Josefine* heißt, dass »Pfeifen [. . .] die Sprache unseres Volkes« (92,25–26) ist, wird, da die Erzählung von einer Maus vorgetragen wird, damit gesagt, dass der Modus dieses Erzählens ebenfalls ein »Pfeifen« ist. »Pfeifen« wäre also ein »Jargonausdruck« für »Schreiben« oder »Erzählen« – nur: Sobald man mit dieser »Interpretation« an den Text herangeht, versteht man ihn eigentlich nicht mehr; man kann nicht einfach »pfeifen« durch »erzählen« ersetzen: »Eingenäht in diese Erklärungen«, so heißt es in dem *Einleitungsvortrag*, »werden Sie dann bei dem Vortrage das suchen, was Sie schon wissen und das, was wirklich da sein wird, werden Sie nicht sehen« (N1 191 f.).

Vielleicht ist es das Kalkül des Franz Kafka, dass sich die Bedeutungen seiner Erzählungen in dem Moment verflüchtigen, in dem man sie dingfest machen will. Das heißt nicht, dass die Interpretation seiner Texte beliebig sei. Sondern dass sich die Frage nach den Bedeutungen bei jeder Lektüre neu stellt, dass jede Lektüre ein neues Abenteuer des Lesens *bedeutet*.

Kommentar

Literaturhinweise

1. Primärliteratur (mit Siglen)

Kafkas Texte werden zitiert nach:

Franz Kafka: *Schriften, Tagebücher, Briefe. Kritische Ausgabe.* Hg. von Jürgen Born, Gerhard Neumann, Malcolm Pasley und Jost Schillemeit, Frankfurt/M. 1982 ff. Diese Ausgabe ist seitenidentisch mit der parallel erscheinenden Leseausgabe ohne Apparatbände.

Die Bände im Einzelnen (die dazugehörigen Apparatbände sind nicht eigens aufgeführt):

Briefe. 1900–1912. Hg. von Hans-Gerd Koch, Frankfurt/M. 1999 (Sigle: B1)

Briefe. 1913–März 1914. Hg. von Hans-Gerd Koch, Frankfurt/M. 2001 (Sigle: B2)

Drucke zu Lebzeiten. Hg. von Wolf Kittler, Hans-Gerd Koch und Gerhard Neumann, Frankfurt/M. 1994 (Sigle: D)

Nachgelassene Schriften und Fragmente I. Hg. von Malcolm Pasley, Frankfurt/M. 1993 (Sigle N1/N1A [Apparatband])

Nachgelassene Schriften und Fragmente II. Hg. von Jost Schillemeit, Frankfurt/M. 1992 (Sigle N2/N2A [Apparatband])

Der Proceß. Hg. von Malcolm Pasley, Frankfurt/M. 1990 (Sigle: P)

Das Schloß. Hg. von Malcolm Pasley, Frankfurt/M. 1982

Tagebücher. Hg. von Hans-Gerd Koch, Michael Müller und Malcolm Pasley, Frankfurt/M. 1990 (mit Kommentarband) (Sigle: T)

Der Verschollene. Hg. von Jost Schillemeit, Frankfurt/M. 1983 (Sigle: V)

Weitere Ausgaben, die Texte enthalten, die noch nicht in der Kritischen Ausgabe erschienen sind:

Amtliche Schriften. Hg. von Klaus Hermsdorf. Berlin (Ost) 1984 (Sigle A)

Briefe 1902–1924, Frankfurt/M. 1958 (Sigle: Br)

Briefe an Felice und andere Korrespondenz aus der Verlobungszeit. Hg. von Erich Heller und Jürgen Born, Frankfurt/M. 1967 (Sigle: F)

Briefe an Milena. Erweiterte und neu geordnete Ausgabe. Hg. von Jürgen Born und Michael Müller, Frankfurt/M. 1983 (Sigle: M)

Briefe an Ottla und die Familie. Hg. von Hartmut Binder und Klaus Wagenbach, Frankfurt/M. 1974

Brod, Max/Kafka, Franz: Eine Freundschaft. Hg. von Malcolm Pasley. Bd. I: *Reiseaufzeichnungen*, Frankfurt/M. 1987. Bd. II: *Briefwechsel*, Frankfurt/M. 1989

Hingewiesen sei auch auf:

Kafka, Franz: *Historisch-Kritische Ausgabe sämtlicher Handschriften, Drucke und Manuskripte*. Hg. von Roland Reuß und Peter Staengle, Basel/Frankfurt am Main 1995 ff. (Diese Ausgabe gibt sämtliche Originalschriftträger faksimiliert und in einer Transkription wieder.)

2. Bibliografien

Beicken, Peter U.: *Franz Kafka. Eine kritische Einführung in die Forschung*, Frankfurt/M. 1974

Born, Jürgen: *Kafkas Bibliothek. Ein beschreibendes Verzeichnis. Mit einem Index aller in Kafkas Schriften erwähnten Bücher, Zeitschriften und Zeitschriftenbeiträge*, Frankfurt/M. 1990

Caputo-Mayr, Luise/Herz, Julius M.: *Franz Kafka. Internationale Bibliographie der Primär- und Sekundärliteratur*. 2., erweiterte und überarbeitete Auflage, München 2000. Band 1: *Bibliographie der Primärliteratur 1908–1997*. Band 2: *Kommentierte Bibliographie der Sekundärliteratur 1955–1997*. Teil 1: *1955–1980*. Teil 2: *1981–1997*, mit Nachträgen zu Teil 1

Dietz, Ludwig: *Franz Kafka. Die Veröffentlichungen zu seinen Lebzeiten (1908–1924). Eine textkritische und kommentierte Bibliographie*, Heidelberg 1982

3. Zu Kafkas Biografie

Alt, Peter-André: *Franz Kafka. Der ewige Sohn. Eine Biographie*, München 2005

Bezzel, Chris: *Kafka-Chronik. Daten zu Leben und Werk*, München 1983

Binder, Hartmut (Hg.): *Kafka-Handbuch*. Bd. 1: *Der Mensch und seine Zeit*. Bd. 2: *Das Werk und seine Wirkung*, Stuttgart 1979

Brod, Max: *Über Franz Kafka*, darin: *Franz Kafka. Eine Biographie* [1937]. *Franz Kafkas Glauben und Lehre* [1948]. *Verzweiflung und Erlösung im Werk Franz Kafkas* [1959], Frankfurt/M. 1974

Canetti, Elias: *Der andere Prozeß. Kafkas Briefe an Felice* [1968], in: ders.: *Das Gewissen der Worte. Essays*, München/Wien ²1976, S. 72–157

Kafkas Fabriken. Bearbeitet von Hans-Gerd Koch und Klaus Wagenbach unter Mitarbeit von Klaus Hermsdorf, Peter Ulrich Lehner und Benno Wagner. *Marbacher Magazin* 100 (2002) [Begleitbuch zur Ausstellung »Kafkas Fabriken« im Schiller-Nationalmuseum Marbach am Neckar vom 23. November 2002 bis zum 16. Februar 2003]

Northey, Anthony: *Kafkas Mischpoche*, Berlin 1988

Stach, Reiner: *Kafka. Die Jahre der Entscheidungen*, Frankfurt/M. 2002

Unseld, Joachim: *Franz Kafka. Ein Schriftstellerleben. Die Geschichte seiner Veröffentlichungen. Mit einer Bibliographie sämtlicher Drucke und Ausgaben der Dichtungen Franz Kafkas 1908–1924*, München/Wien 1982

Wagenbach, Klaus: *Franz Kafka. Eine Biographie seiner Jugend. 1893–1901*, Bern 1958

–: *Franz Kafka* [1964], Reinbek b. Hamburg 1982

–: *Franz Kafka. Bilder aus seinem Leben*. Erweiterte und veränderte Neuausgabe, Berlin 1995

4. Sammelbände mit Beiträgen unterschiedlicher Autoren

Billen, Josef (Hg.): *Die deutsche Parabel. Zur Theorie einer modernen Erzählform*, Darmstadt 1986

Binder, Hartmut (Hg.): *Kafka-Handbuch*. Bd. 1: *Der Mensch und seine Zeit*. Bd. 2: *Das Werk und seine Wirkung*, Stuttgart 1979

Born, Jürgen (Hg.): *Franz Kafka. Kritik und Rezeption zu seinen Lebzeiten. 1912–1924*, Frankfurt/M. 1979 (enthält alle greifbaren zeitgenössischen Reaktionen auf Kafkas Werke und öffentliche Lesungen seiner Texte)

Born, Jürgen (Hg.): *Franz Kafka. Kritik und Rezeption. 1924–1938*, Frankfurt/M. 1983 (dokumentiert in Wiederabdrucken die erste Rezeptionsphase nach Kafkas Tod bis zum Abschluss der ersten Werkausgabe)

Grözinger, Karl Erich/Mosès, Stéphane/Zimmermann, Hans Dieter (Hg.): *Kafka und das Judentum*, Frankfurt/M. 1987

Kittler, Wolf/Neumann, Gerhard (Hg.): *Franz Kafka. Schriftverkehr*, Freiburg 1990

Kurz, Gerhard (Hg.): *Der junge Kafka*, Frankfurt/M. 1984

Müller, Michael (Hg.): *Interpretationen: Franz Kafka. Romane und Erzählungen*, Stuttgart 1994

Politzer, Heinz (Hg.): *Franz Kafka*, Darmstadt 1973

5. Gesamtdarstellungen und Aufsätze zu einzelnen Texten und Fragestellungen (Kurztitel beziehen sich auf die oben aufgeführten Sammelbände)

Adorno, Theodor W.: *Aufzeichnungen zu Kafka* [1953], in: ders.: *Prismen. Kulturkritik und Gesellschaft*. Hg. von Rolf Tiedemann, Frankfurt/M. 1977, S. 250–283

Agamben, Giorgio: *Kafka gegen seine Interpreten verteidigt*, in: ders.: *Idee der Prosa* [1985], Frankfurt/M. 2003, S. 149 f. (zu *Von den Gleichnissen*)

Allemann, Beda: *Kafkas Kleine Fabel*, in: Peter Hasubek (Hg.): *Fabelforschung*, Darmstadt 1983, S. 337–362

–: *Kafka und die Mythologie*, in: *Zeitschrift für Ästhetik und Allgemeine Kunstwissenschaft* 20 (1975), S. 129–144

Bauer-Wabnegg, Walter Richard: *Zirkus und Artisten in Franz Kafkas Werk*, Erlangen 1986

–: *Monster und Maschinen, Artisten und Technik in Franz Kafkas Werk*, in: Kittler/Neumann, *Schriftverkehr*, S. 316–382

Beißner, Friedrich: *Der Erzähler Franz Kafka und andere Vorträge*, Frankfurt/M. 1983 (vereint vier Vorträge, die Beißner 1951 bis 1968 gehalten hat)

Benjamin, Walter: *Franz Kafka. Zur zehnten Wiederkehr seines Todestages* [1934], in: *Benjamin über Kafka. Texte, Briefzeugnisse, Aufzeichnungen*. Hg. von Hermann Schweppenhäuser, Frankfurt/M. 1981

Binder, Hartmut: *Motiv und Gestaltung bei Franz Kafka*, Bonn 1966

–: *Kafka-Kommentar zu sämtlichen Erzählungen*, München ²1977

–: *Kafka. Der Schaffensprozeß*, Frankfurt/M. 1983

Blumenberg, Hans: *Arbeit am Mythos*, Frankfurt/M. 1979 (zu *Prometheus*: S. 685–689)

Camus, Albert: *Die Hoffnung und das Absurde im Werk von Franz Kafka* [1943], in: ders.: *Der Mythos von Sisyphos. Ein Versuch über das Absurde*, Hamburg 1959, S. 102–112

Deleuze, Gilles/Guattari, Félix: *Kafka. Für eine kleine Literatur*, Frankfurt/M. 1976

Derrida, Jacques: *Préjugés. Vor dem Gesetz*, Wien 1992

Dietz, Ludwig: *Franz Kafka*, Stuttgart 1990

Elm, Theo: *Die moderne Parabel. Parabel und Parabolik in Theorie und Geschichte*, München ²1991

Emrich, Wilhelm: *Franz Kafka*, Bonn 1958

Fingerhut, Karl-Heinz: *Die Funktion der Tierfiguren im Werke Franz Kafkas. Offene Erzählgerüste und Figurenspiele*, Bonn 1969

Goldstücker, Eduard: *Kafkas Eckermann? Zu Gustav Janouchs »Gespräche mit Kafka«*, in: Claude David (Hg.): *Franz Kafka. Themen und Probleme*, Göttingen 1980, S. 238–255

Gray, Richard T.: *Das Urteil*, in: Müller, *Interpretationen*, S. 11–41

Grözinger, Erich: *Kafka und die Kabbala. Das Jüdische im Werk und Denken von Franz Kafka*, Frankfurt/M. 1992

Hansen-Löve, Aage A.: *Vor dem Gesetz*, in: Müller, *Interpretationen*, S. 146–157

Hermes, Roger: *Auf der Galerie*, in: Müller, *Interpretationen*, S. 215–223

Hiebel, Hans H.: *Die Zeichen des Gesetzes. Recht und Macht bei Franz Kafka*, München ²1989

–: *Franz Kafka – »Ein Landarzt«*, München 1984

–: *Franz Kafka: Form und Bedeutung. Formanalysen und Interpretationen von Vor dem Gesetz, Das Urteil, Bericht für eine Akademie, Ein Landarzt, Der Bau, Der Steuermann, Prometheus, Der Verschollene, Der Proceß und ausgewählten Aphorismen*, Würzburg 1999

Höfle, Peter: *Von der Unfähigkeit, historisch zu werden. Die Form der Erzählung und Kafkas Erzählform*, München 1998

Kaiser, Hellmuth: *Franz Kafkas Inferno. Eine psychologische Deutung seiner Strafphantasie*, in: *Imago* 17 (1931), S. 41–103 (auch in: Polit-zer, *Franz Kafka*, S. 69–142)

Kittler, Wolf: *Der Turmbau zu Babel und das Schweigen der Sirenen. Über das Reden, das Schweigen, die Stimme und die Schrift in vier Texten von Franz Kafka*, Erlangen 1985

–: *Brief oder Blick. Die Schreibsituation der frühen Texte von Franz Kaf-ka*, in: Kurz, *Der junge Kafka*, S. 40–67

–: *Die Klauen der Sirenen*, in: *Modern Language Notes* 108 (1993), S. 500–516

Kobs, Jörgen: *Kafka. Untersuchungen zu Bewußtsein und Sprache seiner Gestalten*. Hg. von Ursula Brech, Bad Homburg v. d. H. 1970

Koch, Hans-Gerd: *Ein Bericht für eine Akademie*, in: Müller, *Interpre-tationen*, S. 173–196

Kremer, Detlef: *Kafka. Die Erotik des Schreibens. Schreiben als Lebens-entzug*, Frankfurt/M. 1989

–: *Ein Landarzt*, in: Müller, *Interpretationen*, S. 197–214

Kurz, Gerhard: *Traum-Schrecken. Kafkas literarische Existenzanalyse*, Stuttgart 1980

Lawson, Richard H.: *Kafka's Parable »Der Kreisel«: Structure and Theme*, in: *Twentieth Century Literature* 18 (1972), S. 199–205

Lehmann, Hans-Thies: *Der buchstäbliche Körper. Zur Selbstinszenie-rung der Literatur bei Franz Kafka*, in: Kurz, *Der junge Kafka*, S. 213–241

Lubkoll, Christine: *Dies ist kein Pfeifen. Musik und Negation in Franz Kafkas Erzählung »Josefine, die Sängerin oder Das Volk der Mäuse«*, in: *Deutsche Vierteljahrsschrift für Literaturwissenschaft und Geis-tesgeschichte* 66 (1992), S. 748–764

Menke, Bettine: *Das Schweigen der Sirenen: Die Rhetorik und das Schweigen*, in: Johannes Janota (Hg.): *Kultureller Wandel und die Germanistik in der Bundesrepublik*. Bd. 3: *Methodenkonkurrenz in der germanistischen Praxis*, Tübingen 1993, S. 134–162

Möbus, Frank: *Theoderich, Julia und die Jakobsleiter. Franz Kafkas Er-zählfragmente zum Jäger Gracchus*, in: *Zeitschrift für deutsche Phi-lologie* 109 (1990), S. 253–271

Mosès, Stéphane: *Franz Kafka: »Das Schweigen der Sirenen«* [1976], in: ders.: *Spuren der Schrift. Von Goethe bis Celan*, Frankfurt/M. 1987, S. 52–72

Müller, Michael: *Ein Hungerkünstler*, in: ders.: *Interpretationen*, S. 284–312

–: *Erläuterungen und Dokumente: Franz Kafka, Das Urteil*, Stuttgart 1995

Neumann, Gerhard: *Umkehrung und Ablenkung: Franz Kafkas »Glei-tendes Paradox«*, in: *Deutsche Vierteljahrsschrift für Literaturwissen-schaft und Geistesgeschichte* 42 (1968), S. 702–744, auch in: Politzer, *Franz Kafka*, S. 459–515

–: *Hungerkünstler und Menschenfresser. Zum Verhältnis von Kunst und kulturellem Ritual im Werk Franz Kafkas*, in: Kittler/Neumann, *Schriftverkehr*, S. 399–432

Pasley, Malcolm: *Drei literarische Mystifikationen Kafkas*, in: Jürgen Born u. a.: *Kafka-Symposion*, Berlin 1965, S. 21–37

Politzer, Heinz: *Franz Kafka. Parable and Paradox*, Ithaca (New York) 1962. Deutsch: *Franz Kafka, der Künstler*, Frankfurt/M. 1965

Rath, Norbert: *Mythos-Auflösung. Kafkas Das Schweigen der Sirenen*, in: Christa Bürger (Hg.): *Zerstörung, Rettung des Mythos durch Licht*, Frankfurt/M. 1986, S. 86–110

Ries, Wiebrecht: *Franz Kafka. Eine Einführung*, München/Zürich 1987

Robertson, Ritchie: *Kafka. Judentum, Gesellschaft, Literatur*, Stuttgart 1988

Ryan, Judith: *Durch kindische Mittel gerettet: Zu einem Motiv bei Franz Kafka*, in: Paul Michael Lützeler (Hg.): *Zeitgenossenschaft. Zur deutschsprachigen Literatur im 20. Jahrhundert*, Frankfurt/M. 1987, S. 48–60

Schindler, Sabine: *Der Kübelreiter*, in: Müller, *Interpretationen*, S. 233–252

Schlingmann, Carsten: *Literaturwissen: Franz Kafka*, Stuttgart 1995

Siegert, Bernhard: *Kartographien der Zerstreuung. Jargon und die Schrift der jüdischen Tradierungsbewegung bei Kafka*, in: Kittler/Neumann, *Schriftverkehr*, S. 222–247

Sokel, Walter H.: *Franz Kafka. Tragik und Ironie. Zur Struktur seiner Kunst* [1964], Frankfurt/M. 1976

–: *Das Verhältnis der Erzählperspektive zu Erzählgeschehen und Sinngehalt in »Vor dem Gesetz«, »Schakale und Araber« und »Der Prozeß«*, in: Zeitschrift für deutsche Philologie 86 (1967), S. 267–300, auch in: Billen, *Die deutsche Parabel*, S. 181–221

Walser, Martin: *Beschreibung einer Form. Versuch über Kafka* [1951], Frankfurt/M. 1992

Wellbery, David E.: *Scheinvorgang. Kafkas »Das Schweigen der Sirenen«*, in: Johannes Janota (Hg.): *Kultureller Wandel und die Germanistik in der Bundesrepublik. Bd. 3: Methodenkonkurrenz in der germanistischen Praxis*, Tübingen 1993, S. 163–176

Textgeschichte, Hinweise zur Deutung, Stellenkommentar zu den einzelnen Erzählungen

Kinder auf der Landstraße

Textgeschichte

Mit dieser Erzählung beginnt Kafkas erste Buchveröffentlichung, *Betrachtung*, eine Sammlung von 18, zum Teil schon separat gedruckten kurzen Prosastücken, die Ende 1912 im Ernst Rowohlt Verlag in Leipzig herauskam. Der Text stammt aber aus einem anderen Erzählzusammenhang, der umfangreichen Novelle *Beschreibung eines Kampfes*, deren Entstehungsgeschichte bis in das Jahr 1904 zurückreicht. Von der so genannten »ersten Fassung« der *Beschreibung* existiert eine Reinschrift, die sich auf das Jahr 1907 datieren lässt. Da Kafka diesen Text nicht für publikationsreif hielt, hat er ihn dann als Steinbruch für Einzelpublikationen in der von Franz Blei herausgegebenen Literaturzeitschrift *Hyperion* benutzt. 1910 aber nimmt er sich des Gesamtprojekts noch einmal an, indem er beginnt, eine weitere Abschrift anzufertigen – vielleicht, weil er sich inzwischen nicht mehr der deutschen Kurrentschrift, sondern der lateinischen Schreibschrift, wie sie auch heute noch üblich ist, bedient. Dabei gerät er jedoch ins Überarbeiten; die Konzeption ändert sich so sehr, dass er immer stärker von der Vorlage abweichen muss und schließlich die Arbeit endgültig aufgibt. Kurz vor Abbruch des Textes fügt Kafka den Text von »Kinder auf der Landstraße« ein. Es ist nicht unwahrscheinlich, dass er hierbei sein »Steinbruchverfahren« umdreht und einen früher verfassten Text nun in einen größeren Erzählzusammenhang einbaut – um ihn dann als Eingangstext für *Betrachtung* wieder herauszulösen. Und noch eine Vermutung liegt nahe, auch wenn sie nicht zu beweisen ist: Im November 1903 kündigt Kafka seinem Freund Oskar Pollak an, er werde ihm Stücke aus seinem »Buch« »Das Kind und die Stadt« schicken. Wenn *Kinder auf der Landstraße* aus diesem verlorenen »Buch« stammt, hätten wir es mit einem der frühesten erhaltenen Texte Kafkas zu tun.

Erstdruck in: *Betrachtung*, Leipzig: Ernst Rowohlt Verlag 1913 (erschienen 1912), S. 1–16. Ein Separatdruck erfolgte in der Weihnachtsbeilage der *Bohemia*, 25. Dezember 1912, Morgen-Ausgabe.
Druckvorlage: *Drucke zu Lebzeiten*, S. 9–14.

Hinweise zur Deutung

Kinder spielen im Werk Kafkas eine scheinbar untergeordnete und recht sonderbare Rolle. Wenn sie auftauchen, haftet ihnen in der Regel etwas Mechanisches, ja Gespenstisches an; es sind fremde Wesen, zu denen die Hauptperson keinen Zugang findet; ja, das Phänomen der Kindheit wird – etwa in der *Josefine* – als etwas vollkommen Unfassbares explizit ausgeblendet. Dabei war Kafka ein großer Kinderfreund. Seiner Schwester Elli, die er – auf sehr moderne Weise – bei der Erziehung ihres Sohnes Felix berät, schreibt er: »Kinder sind zur Rettung der Eltern da, theoretisch verstehe ich gar nicht, wie es Menschen ohne Kinder geben kann« (Br 340). Es sei darauf hingewiesen, dass Kafka hier mit ironischem Witz seiner eigenen Existenz als kinderloser Junggeselle, die zu diesem Zeitpunkt (Herbst 1921) aus seiner Sicht definitiv ist, die »theoretische« Grundlage entzieht.
Kinder auf der Landstraße nimmt insofern eine Ausnahmestellung in Kafkas Werk ein, als die handelnden Personen einschließlich der Erzählerfigur Kinder sind und das Ganze in einer für Kafka ungewöhnlichen Sphäre der Ausgelassenheit spielt. Doch auch wenn diese Erzählung stilistisch durchaus noch dem literarischen Impressionismus und der von Ferdinand Avenarius (1856–1923) herausgegebenen Zeitschrift *Der Kunstwart* verpflichtet ist, deren Abonnent Kafka in diesen frühen Jahren war, klingen bereits viele für ihn charakteristische Themen und Motive an: Hervorzuheben sind der Gegensatz von Stadt und Land, der insbesondere den jungen Kafka immer wieder beschäftigt und der später im Verhältnis des Einzelnen zu Macht und anonymer Masse wiederkehrt, und, damit verbunden, die städtische Existenzweise des unermüdlich produktiven Künstlers, der hier im Gewand des Narren erscheint. Die Vorstellung, nicht müde zu werden, ist es ja, die das Kind den Weg nach Hause, wo

»die Mütter [. . .] die Betten für die Nacht« richten, nicht vollenden, sondern es »der Stadt im Süden« zustreben lässt. Die Narren, von denen im Dorf die Rede geht, gehören bereits ganz der eigenartigen, schlaflosen Welt Kafkas an, und wir dürfen bei ihnen sowohl an die von Kafka geliebte Zirkus- und Varietékunst als auch an sein eigenes nächtliches Schreiben denken.

Stellenkommentar

Ich hörte: Im Kontext der *Beschreibung eines Kampfes* wird die Erzählung als Traum oder Rückblende des Ich-Erzählers eingeführt. Die Überleitung lautet dort: »Ich schlief und fuhr mit meinem ganzen Wesen in den ersten Traum hinein. Ich warf mich in ihm so in Angst und Schmerz herum, daß er es nicht ertrug, mich aber auch nicht wecken durfte, denn ich schlief doch nur, weil die Welt um mich zuende war. Und so lief ich durch den in seiner Tiefe gerissenen Traum und kehrte wie gerettet – dem Schlaf und dem Traum entflohn – in die Dörfer meiner Heimat zurück« (N1 145).   9.2

Schaukel: Zentrales Motiv bei Kafka ist das Schwanken des Bodens, oft gepaart mit Übelkeit, als eine »Seekrankheit auf festem Lande«, wie es in der *Beschreibung eines Kampfes* heißt (N1 89). Vgl. weiter unten den Schwindel, der beim Betrachten der Vögel auftritt und der die Schaukel gleichsam von allein in Gang setzt: »aus Schwäche ein wenig zu schaukeln anfing« kann aktivisch oder passivisch verstanden werden – eine für Kafka typische Doppeldeutigkeit. Vgl. in dieser Sammlung auch das Taumeln des Philosophen in »Ein Philosoph trieb sich immer dort herum . . .« (66,24).   9.7

Kerzenlicht: Die altertümliche Lichtquelle unterstreicht das dörfliche Ambiente. Offensichtlich gibt es auch keine nächtliche Straßenbeleuchtung (»Mondlicht«: 11,13–14), wie sie in den Städten Anfang des 20. Jh.s schon üblich ist. Vgl. auch den erleuchteten Zug, der auf seinem Weg in die Stadt von den Kindern »in der Ferne« (12,3) beobachtet wird.   9.23

schon müde: Müdigkeit wird mit dem Landleben assoziiert; Kafka litt an einem sehr unruhigen Schlaf, nicht zuletzt deswegen, weil er die Nächte zum Schreiben nutzte.   9.24

11.20 **daß die Post schon vorüber ist**: An Oskar Pollak schreibt Kafka
während einer Unterbrechung eines Landaufenthaltes in Liboch
an der Elbe nördlich von Prag Ende August 1902: »Warum
schrieb ich Dirs? Damit Du weißt, wie ich zu dem Leben stehe,
das da draußen über die Steine stolpert, wie die arme Postkut-
sche, die von Liboch nach Dauba humpelt« (B 1, S. 14 f.).

11.27–28 **indianischen Kriegsruf heraus [...] einen Galopp**: Vgl. den
Wunsch, Indianer zu werden, ebenfalls in *Betrachtung*.

12.19–20 **Stadt im Süden**: Nördlich von Prag liegt der Ferienort Roztok,
wo Kafka 1900 mit seinen Eltern Urlaub machte. In Liboch ver-
brachte er 1902 einen Teil des Sommers; ebenfalls bezeugt ist ein
Besuch bei seinem Onkel Siegfried Löwy im mährischen Triesch
(bei Iglau). Viele Briefe und Karten aus dieser Zeit sind geprägt
durch Impressionen des Landlebens.

Das Urteil

Textgeschichte

»Diese Geschichte ›das Urteil‹ habe ich in der Nacht vom 22 zum
23 [September 1912] von 10 Uhr abends bis 6 Uhr früh in einem
Zug geschrieben«, vermerkt Kafka im direkten Anschluss an
den Text der Erzählung in seinem Tagebuch. Bemerkenswert ist,
dass er sofort auch eine Publikationsmöglichkeit in den Blick
nimmt, nämlich das von Brod herausgegebene »Jahrbuch für
Dichtkunst« *Arkadia*, wo *Das Urteil* dann auch 1913 erscheint.
Die von Kafka gewünschte Sammelpublikation des *Urteils* zusammen mit der *Verwandlung* und dem *Heizer* unter dem Titel
»Söhne« bzw. mit der *Verwandlung* und *In der Strafkolonie* un-
ter dem Titel »Strafen« wird nicht verwirklicht; stattdessen erfolgt eine Einzelveröffentlichung in der Bücherei »Der jüngste
Tag«, Leipzig: Kurt Wolff Verlag 1916, die 1919 eine zweite
Auflage erlebt.
Druckvorlage: *Drucke zu Lebzeiten*, S. 41–61.

Die Niederschrift des *Urteils* – genauer vielleicht: der erste Brief an Felice Bauer, die spätere Verlobte, zwei Tage zuvor – leitet die produktivste Phase in Kafkas schriftstellerischem Leben ein. Noch im September entsteht *Der Heizer*, anderthalb Monate später *Die Verwandlung*, außerdem bis Jahresende der größte Teil des *Verschollenen* sowie ein Briefkorpus von 200 Druckseiten, darunter über 100 Briefe und Karten an Felice Bauer. Kafka selbst hat *Das Urteil* als literarischen Durchbruch erlebt und die außergewöhnliche Art seiner Entstehung, die für ihn ein nie wieder erreichtes Vorbild blieb, genau dokumentiert sowie – am ausführlichsten in einer Tagebucheintragung vom 11. Februar 1913 (T 491 f.) – mögliche biografische Bezüge aufgezeigt. In diesem Zusammenhang ist auch zu sehen, dass Kafka Felice Bauer gegenüber vom *Urteil* als »Deiner Geschichte« spricht und sie ihr widmet.

Eine Heirat, wie Kafka sie mit Felice Bauer anbahnen und ebenso zielstrebig zweimal verhindern wird, hat er sieben Jahre später im *Brief an den Vater* als die einzige Möglichkeit benannt, dem Vater »ebenbürtig« (N2 209) zu werden; gleichzeitig ist ihm »das Heiraten dadurch verschlossen, daß es gerade Dein eigenstes Gebiet ist« (N2 210). Die Vorbildfunktion des Vaters steht in krassem Widerspruch zu dem durch die bloße Existenz des Vaters ausgesprochenen Verbot, diesem Vorbild zu entsprechen: Diese paradoxe Konstellation, die auf geradezu klassische Weise dem psychologischen Modell einer »Doppelbindung« oder »pragmatischen Paradoxie« entspricht (vgl. dazu die Untersuchung von P. Watzlawick/J. H. Beavin/D. D. Jackson, *Pragmatics of Human Communications. A Study of Interactional Patterns, Pathologies, and Paradoxes*. New York 1967 [dt.: *Menschliche Kommunikation. Formen, Störungen, Paradoxien.* Bern/Stuttgart/Wien ⁸1990]), liegt auch dem *Urteil* zu Grunde, zu dem sich der *Brief an den Vater* wie ein später Kommentar verhält (auf einige der auffälligsten Parallelen wird im Stellenkommentar hingewiesen).

Die zentrale Erfindung dieser Erzählung ist jedoch der »Freund in Petersburg«. In seiner gleichsam papierenen, nur durch Briefe vermittelten Existenz ist er ein Vorfahr des untoten Jägers Gracchus, der sich außerhalb der Zeit aufhält und dessen ungesicherter Seinsstatus jenen »Ausweg« aus dem Dilemma eröffnet, heiraten zu müssen und es nicht zu dürfen. Die Existenz dieses Freundes, die Georg aus der Sicht der Braut selbst für die Ehe ungeeignet macht, verspricht gleichzeitig eine Rettung jenseits einer durch die Übernahme gesellschaftlicher Verantwortung erlangten Selbständigkeit. Im *Brief an den Vater* schreibt Kafka: »Wenn ich in dem besonderen Unglücksverhältnis, in welchem ich zu Dir stehe, selbständig werden will, muß ich etwas tun, was möglichst gar keine Beziehung zu Dir hat; das Heiraten ist zwar das Größte und gibt die ehrenvollste Selbständigkeit, aber es ist auch gleichzeitig in engster Beziehung zu Dir. Hier hinauskommen zu wollen, hat deshalb etwas von Wahnsinn und jeder Versuch wird fast damit gestraft« (N2 209). Mit Blick auf diese Stelle Georg Bendemanns »Selbstmord« als eine »Wahnsinnstat« zu beschreiben, greift allerdings zu kurz: Das Geländer, das Georg »wie ein Hungernder die Nahrung« ergreift, dient ja normalerweise zur Rettung *vor* dem Ertrinken. Aber auch für Georg – der Vergleich mit dem Hungernden belegt das – hat das Geländer etwas »Rettendes«: als letzte Stufe hin zu einer »Rettung« *durch* Ertrinken, durch welches er endgültig mit dem Freund in Petersburg zu einer dem Vater entzogenen, rein literarischen Existenz verschmilzt. Eine Glücksvorstellung ist das gewiss nicht; im Gegenteil, sie bestätigt in gewisser Weise das Urteil des Vaters über dieses »kalt phantastische Kind«, als das sich Kafka im *Brief an den Vater* bezeichnet (vgl. N2 194): »Ein unschuldiges Kind warst du ja eigentlich, aber noch eigentlicher warst du ein teuflischer Mensch!«

Stellenkommentar

13.5 **Georg Bendemann**: »Georg hat soviel Buchstaben wie Franz. In Bendemann ist ›mann‹ nur eine für alle noch unbekannten Möglichkeiten der Geschichte vorgenommene Verstärkung von ›Bende‹. Bende aber hat ebenso viele Buchstaben wie Kafka und der Vokal e wiederholt sich an den gleichen Stellen wie der Vokal a in Kafka« (T 492, 11.11.1913). Einer der früh verstorbenen Brüder Kafkas hieß ebenfalls Georg.

Rußland: Mit dem ostjüd. Schauspieler Jizchak Löwy, mit dem   13.17
Kafka zeitweise unter der schärfsten Missbilligung des Vaters
engen Kontakt pflegte, hat sich Kafka ausführlich über das jüd.
Leben in Russland unterhalten, wovon zahlreiche Tagebuchein-
träge zeugen. Russland besaß aber auch aufgrund seiner Weite
für Kafka eine »unendliche Anziehungskraft« (T 727,
14.2.1915).

Vollbart: Kafka hat Figuren, in denen er sich spiegelt, gern mit   13.22
ihm selbst widersprechenden Eigenschaften ausgestattet; vgl. die
Bärte des Landarztes und des Jägers Gracchus.

für ein endgültiges Junggesellentum: Alle Helden Kafkas sind   13.28–29
kinderlos (bis auf den »verschollenen« Karl Roßmann, der genau deshalb aus seiner Heimat vertrieben wird) und unverhei-
ratet. Das ist ein weiteres Indiz dafür, dass der Freund, in den
sich Georg gegen Ende der Erzählung buchstäblich *hineindenkt*,
das eigentliche Zentrum der Erzählung bildet.

dem man aber nicht helfen konnte: In einem Fragment zum *Jä-*   13.31–32
ger Gracchus heißt es: »Der Gedanke mir helfen zu wollen, ist
ein Krankheit und muß im Bett geheilt werden« (N1 311).

altes Kind: Auch das »Volk der Mäuse« ist »nicht nur kindlich,   14.11
es ist gewissermaßen auch vorzeitig alt« (91,14–15).

Frieda Brandenfeld: »Frieda hat ebensoviel Buchstaben wie Fe-   16.15
lice und den gleichen Anfangsbuchstaben, Brandenfeld hat den
gleichen Anfangsbuchstaben wie Bauer und durch das Wort
›Feld‹ auch in der Bedeutung eine gewisse Beziehung. Vielleicht
ist sogar der Gedanke an Berlin nicht ohne Einfluß gewesen und
die Erinnerung an die Mark Brandenburg hat vielleicht einge-
wirkt« (KT 492, 11.11.1913).

»Wenn du solche [. . .] nicht verloben sollen«: Mit dieser Aus-   16.30–31
sage der Braut werden die Äußerungen des Vaters über den
Freund, die das Gerüst der Erzählung bilden, vorbereitet. Un-
merklich wird schon hier die realistische Ebene verlassen, da die
nur schwerlich scherzhaft verstehbare Anschuldigung der Braut
nur dann verständlich wird, wenn der Freund als Projektion, als
Alter Ego Georgs begriffen wird.

»mein Vater ist noch immer ein Riese«: Konkretisiert und   18.19–20
schließlich ins Surrealistische gesteigert wird diese Vorstellung,
wenn später der Vater so »ganz anders« wirkt, der »hier breit

sitzt und die Arme über der Brust kreuzt« (19,1–3), und dann, in Ankündigung seines Machtausbruchs, auf dem Bett steht und mit der Hand an die Decke reicht (22,21–22). Vgl. auch den *Brief an den Vater*, wo Kafka davon spricht, dass sich der Eindruck, den sein Vater, »der riesige Mann«, auf ihn gemacht hat, »kaum je zur Gewöhnung verflachte« (N2 149).

19.22 **Sache:** Durch die auch juristisch verstehbare Terminologie zieht der Vater den scheinbar harmlosen Vorstoß des Sohnes in eine gerichtliche Sphäre, in der dann das »Urteil« und seine Vollstreckung stattfindet.

20.4–5 **Hast du wirklich diesen Freund in Petersburg?:** Mit dieser Frage entzieht der Vater dem Sohn die Grundlage, der dementsprechend »verlegen« reagiert und einer Antwort ausweicht. Die kommt wenig später vom Vater selbst: »Du hast keinen Freund in Petersburg« (20,34).

20.35 **Spaßmacher:** Diese Bezeichnung des Vaters reiht Georg in die Reihe der Künstlerfiguren ein, die, wie der Affe im *Bericht für eine Akademie*, einen »Ausweg«, oder, mit dem Zentralbegriff des *Sirenen*-Textes, »Rettung« suchen. Kafka beschreibt die Missachtung seiner künstlerischen Ambitionen durch den Vater im *Brief an den Vater* (vgl. N2 192).

21.16 **russischen Revolution:** Kafka denkt vielleicht an den »blutigen Sonntag« am 22. Januar 1905, als in Petersburg eine friedliche Demonstration gegen den Zaren brutal zusammengeschossen wurde, woraufhin sich Unruhen im ganzen Reich ausbreiteten.

22.25–26 **Wohl kenne ich [. . .] nach meinem Herzen.:** Der dritte Satz des Vaters über den Freund, der ihn vollends zum »Schreckbild« werden lässt. Im *Brief an den Vater* heißt es: »Es ist sehr leicht möglich, daß ich, selbst wenn ich ganz frei von Deinem Einfluß aufgewachsen wäre, doch kein Mensch nach Deinem Herzen hätte werden können« (N2 145 f.).

23.2–3 **ergriff ihn:** Genau genommen müsste hier eigentlich stehen: »Die Geschichte« oder »das Schicksal des Freundes ergriff ihn«. Dadurch, dass der Freund selbst zum Subjekt des Satzes wird, gewinnt das Bild der »Ergriffenheit« in einer für Kafka charakteristischen Weise seine eigentliche Bedeutung zurück (als stünde da »packte ihn«). Am Scheitelpunkt der Erzählung – wenn der Vater zum »Schreckbild« mutiert – verschmelzen so die beiden

Figuren. Auch in der *Verwandlung* leitet ein Moment der »Er-griffenheit« die endgültige Katastrophe ein: »War er ein Tier, da ihn Musik so ergriff?« (D 185), heißt es, als Gregor dem Violin-spiel der Schwester lauscht, der vermeintlich letzten Verbünde-ten, die sich dann aber als Erste von ihm lossagt.

»Weil sie die Röcke gehoben hat«: Ganz ähnlich formuliert 23.11
Kafka, Bezug nehmend auf die Verlobung mit Julie Wohryzek, im *Brief an den Vater*: »Du sagtest zu mir etwa: ›Sie hat wahr-scheinlich irgendeine ausgesuchte Bluse angezogen, wie das die Prager Jüdinnen verstehn und daraufhin hast Du Dich natürlich entschlossen sie zu heiraten‹« (N2 205). Zutiefst getroffen zeigt sich Kafka an derselben Stelle, als ihm der Vater unverblümt nahe legt, stattdessen die Dienstleistungen eines Bordells in An-spruch zu nehmen.

Narbe aus seinen Kriegsjahren: Der Vater ist jemand, der – so- 23.14–15
wohl als Familiengründer wie auch als Kriegsteilnehmer – am Weltgeschehen Teil hat. An Felice Bauer schreibt Kafka, dass er ursprünglich hat »einen Krieg beschreiben« wollen; »ein junger Mann sollte aus seinem Fenster eine Menschenmenge über die Brücke herankommen sehn, dann aber drehte sich mir alles un-ter den Händen« (B2 202, 3.6.1913).

mein Sohn [. . .] durch die Welt: Dass Kafka als Kind »›in Saus 24.6–7
und Braus‹ gelebt« habe (N2 143), scheint – dem *Brief an den Vater* zufolge – eine Redensart im Hause Kafka gewesen zu sein.

Tasche: Am Schluss des *Briefes* legt Kafka seinem Vater eine 24.23–24
Verteidigungsrede in den Mund, in der es heißt: »Lebensuntüch-tig bist Du; um es Dir aber darin bequem, sorgenlos und ohne Selbstvorwürfe einrichten zu können, beweist Du, daß ich alle Deine Lebenstüchtigkeit Dir genommen und in meine Taschen gesteckt habe« (N2 215). Das Wörtlichnehmen von Redensar-ten (»jemanden in die Tasche stecken«) ist ein beliebtes Gestal-tungsmittel von Kafka.

gezögert: Vgl. die Tagebucheintragung vom 24. Januar 1922: 25.20
»Mein Leben ist das Zögern vor der Geburt« (T 888).

verurteile dich: Auch diese Stelle nimmt den *Brief an den Vater* 25.32–33
auf frappierende Weise vorweg: »Faßt Du Dein Urteil über mich zusammen, so ergibt sich, daß Du mir zwar etwas geradezu Un-anständiges oder Böses nicht vorwirfst (mit Ausnahme vielleicht

meiner letzten Heiratsabsicht), aber Kälte, Fremdheit, Undankbarkeit« (N2 144).

26.17 **unendlicher Verkehr**: Max Brod teilt in seiner Kafka-Biografie mit, dass Kafka bei der Niederschrift dieses Satzes »an eine starke Ejakulation gedacht« habe (Brod, *Über Franz Kafka*, S. 114).

Vor dem Gesetz

Textgeschichte

Diese Erzählung entstand im Spätjahr 1914 im Rahmen des Dom-Kapitels des *Process*-Romans. Erstdruck in der Neujahrs-Festnummer der »Unabhängigen jüdischen Wochenschrift« *Selbstwehr* vom 7. September 1915. Kurt Wolff druckt den Text in den Almanachen 1916 und 1917 *Vom jüngsten Tag* nach, bevor ihn Kafka aufnimmt in: *Ein Landarzt. Kleine Erzählungen*. München und Leipzig 1919 (erschienen 1920). Druckvorlage: *Drucke zu Lebzeiten*, S. 267–269.

Hinweise zur Deutung

An seiner ursprünglichen Stelle im *Process* erzählt der Gefängniskaplan Josef K. die Geschichte, um ihn davon zu überzeugen, dass er sich in dem »Gericht«, das K. »verhaftet« hat, ohne ihn freilich in seiner Bewegungsfreiheit einzuschränken, »täusche«: In den »einleitenden Schriften zum Gesetz« heiße es »von dieser Täuschung« (P 292) – und dann folgt der Text der Türhüter-Geschichte. Diese Hinführung des Kaplans ist in mehrfacher Hinsicht bemerkenswert. Erstens ist in der Erzählung selbst weder von einem »Gericht« noch von einer »Täuschung« die Rede (erst K. reagiert, »von der Geschichte sehr stark angezogen«, spontan mit dem Satz auf die Erzählung: »Der Türhüter hat also den Mann getäuscht« [P 295]). Zweitens gebärdet sich der Text, der doch in das Gesetz »einleiten« soll, selbst als »Türhüter«: Statt auf die Lektüre des eigentlichen Gesetzes hinzuführen, steht er selbst – als Vorwort und als unüberwindliches Hindernis gleichermaßen – »vor dem Gesetz«, und folgerichtig verirrt sich

K. im Gespräch mit dem Kaplan, das den Umfang der Türhüter-Geschichte um ein Vielfaches übertrifft, in »ungewohnte Gedankengänge«, statt in das Gesetz einzudringen: »Die einfache Geschichte war unförmlich geworden, er wollte sie von sich abschütteln« (P 303). Ein Blick in den Apparat der Kritischen Ausgabe zeigt, dass Kafka hier, wie häufig, beim Schreiben den Schreibvorgang selbst im Blick hat: Kurz vor dieser Stelle hat er im Manuskript eine stark durchkorrigierte Passage gestrichen und erreicht danach, indem er die Geschichte »abschüttelt«, alsbald das Kapitelende.

Doch auch ohne dass man den ursprünglichen Erzählrahmen kennt, entfaltet dieser wohl berühmteste Text Kafkas in paradigmatischer Weise seine Paradoxalität, und zwar schon auf der Ebene der Sprachgestalt: Der erste Satz wiederholt die Überschrift, bringt aber mit der Fortsetzung »steht ein Türhüter« ihren Sinn dadurch ins Flimmern, dass die Präposition »vor« ganz auf die örtliche Grundbedeutung reduziert wird. Dass das mit dem abstrakten Begriff »Gesetz« eigentlich nicht zusammenpasst, bemerkt man zunächst jedoch so wenig wie der »Mann vom Lande«, da Kafka auf zwei gebräuchliche Redeweisen – »vor dem Gesetz gleich sein« und »Hüter des Gesetzes« – zurückgreift, diese jedoch durch ein Wörtlich-Nehmen vermengt und dadurch eine räumliche Vorstellung erzeugt. Man wundert sich gar nicht mehr darüber, dass man »in das Gesetz hinein gehen« können soll. Wenn überhaupt, ist das die Täuschung, der der Mann – und mit ihm der Leser – unterliegt. Denn der »Eintritt in das Gesetz« wäre gleichbedeutend damit, die Schwelle des Gesetzes zu *übertreten*. Jacques Derrida spricht in diesem Zusammenhang von einem »Selbst-Verbot (*auto-interdiction*)« (S. 67) des Gesetzes, das als einzige Entscheidung, die dem »Mann vom Lande« offen steht, diejenige übrig lässt, »sich nicht zu entscheiden« (ebd., S. 54). Diese Situation, die von einem permanenten Aufschub gekennzeichnet ist – einer »Différance«, um Derridas Kunstwort zu verwenden –, entspricht derjenigen, in die Kafka sich selbst gestellt sieht, wenn er gut zwei Jahre vor seinem Tod resümiert: »Mein Leben ist das Zögern vor der Geburt« (T 888 1922). Vor diesem Hintergrund ist es eher fraglich, ob der »Glanz«, den der Alte kurz vor Ende seines Lebens »erkennt«, der Vorbote einer wie auch immer gearteten Erlösung ist, wie manche meinen, oder ein Vor-Schein jener niederschmetternden letzten Wahrheit, mit der der Türhüter den »Unersättlichen« füttert: dass *zu leben* die Erfüllung des Gesetzes bedeutet hätte.

In seinem Tagebuch, wo Kafka sich in außergewöhnlich positiver Weise über diesen Text äußert, nennt er ihn einmal »Legende« und die Auslegung »Exegese« (T 707, 13.12.1914). Die Legende im engeren Sinne ist eine Heiligenerzählung (wörtlich: das am Tag eines bestimmten Heiligen »zu Lesende«), »Exegese« bezieht sich ursprünglich auf die Auslegung biblischer Texte. Der religiös-theologische Bedeutungshintergrund beider Begriffe passt auch zu der Gattungsbezeichnung »Parabel«, die sich heute für die spezifische Erzählform Kafkas eingebürgert hat. Wörtlich aus dem Griechischen übersetzt heißt »Parabel« Vergleich; im Neuen Testament werden die Gleichniserzählungen Jesu – etwa die Erzählung vom verlorenen Sohn – so genannt. Im *Process* kommt hinzu, dass der Text Josef K. in einem Sakralbau durch einen Geistlichen erzählt wird – allerdings erst, nachdem dieser von seiner Kanzel heruntergestiegen ist. Ist es also tatsächlich eine im weitesten Sinn religiöse »Lehre«, in deren Dienst Kafka eine überlieferte Form stellt? Oder bedient er sich in »dekonstruktiver« Weise einer religiös besetzten Form gerade deshalb, um den Menschen in seiner transzendenzlosen Nacktheit zu zeigen? Vielleicht beruht die unverminderte Faszination, die von Kafkas Texten ausgeht, auf der Unentscheidbarkeit dieser Alternative.

Stellenkommentar

27.3 **Mann vom Lande**: Die »Architektur« des Gesetzes ist offenbar eine städtische (sie erinnert stark an den Palast in der *Kaiserlichen Botschaft*); das hat die »Reise« des Mannes, wie es später heißt, und seine »Ausrüstung« nötig gemacht. Der Antagonismus von Stadt und Land durchzieht Kafkas gesamtes Werk.

27.8 **offensteht wie immer**: Vgl. den Schluss des »Domkapitels« im *Process*: »›Ich gehöre also zum Gericht‹, sagte der Geistliche. ›Warum sollte ich also etwas von Dir wollen. Das Gericht will nichts von dir. Es nimmt Dich auf wenn Du kommst und es entläßt Dich wenn Du gehst‹« (P 304).

lockt: Eine bei Kafka häufig wiederkehrende Vokabel: Seine 27.11
Figuren handeln nicht aus eigenem Antrieb, sondern lassen sich »verlocken«; so auch der Landarzt von der Mutter des Patienten (34,2).

kindisch: Charakteristisches Attribut für viele von Kafkas Fi- 28.7
guren, die sich in einer Zwischenwelt, »vor dem Gesetz« gewissermaßen, einrichten, statt Verantwortung zu übernehmen. (Ursprünglich hatte Kafka für die Stücke des *Landarzt*-Bandes den Titel »Verantwortung« vorgesehen; hierzu mehr im Kommentar zur *Landarzt*-Erzählung.) Vgl. in dieser Auswahl etwa die »kindischen Mittel« des Odysseus im *Sirenen*-Text und die Deutungshinweise zu *Kinder auf der Landstraße* sowie die Charakterisierung des »Volks der Mäuse« in der *Josefine*.

Studium: Man könnte sich eine aus der Sicht des Mannes vom 28.8
Lande erzählte Geschichte vorstellen, in der er die Resultate seiner »Studien« entfaltet, ähnlich wie es in vielen anderen Erzählungen Kafkas (vgl. in diesem Band *Ein Hungerkünstler* und *Josefine*) der Fall ist.

Größenunterschied hat sich [...] des Mannes verändert: Das 28.20–22
Unwirklich-Mythische der Szenerie wird dadurch unterstrichen, dass der Türhüter offensichtlich nicht altert, sondern immer derselbe bleibt. Stilistisch in dieselbe Richtung zielt der Gebrauch der 2. Person Singular.

unersättlich: Kafkas kompliziertes Verhältnis zur Ernährung – 28.23
das sich etwa in seinem gegen die Missbilligung des Vaters gelebten Vegetarismus zeigt – spiegelt sich in zahlreichen Metaphern aus dieser Sphäre, bis hin zu jenem Hungerkünstler in der gleichnamigen Erzählung, der auf seine Weise unersättlich ist: nach Hunger nämlich.

Auf der Galerie

Textgeschichte

Kafka hat diese Erzählung wahrscheinlich Dezember/Januar 1916/17 in ein nicht überliefertes der so genannten Oktavhefte geschrieben; der Titel »Auf der Gallerie« [!] taucht zum ersten Mal in einer Liste für den *Landarzt*-Band auf, die auf Ende Februar 1917 zu datieren ist (abgedruckt in N1A 81 f.). Erstdruck in *Ein Landarzt* (wie *Vor dem Gesetz*); Separatdruck in der *Prager Presse* vom 3. April 1921, Morgenausgabe, Sonntagsbeilage.
Druckvorlage: *Drucke zu Lebzeiten*, S. 262 f.

Hinweise zur Deutung

Beim Versuch, diesen kurzen Text nachzuerzählen, wird man feststellen, dass dies nicht möglich ist: Denn eigentlich wird hier gar nichts erzählt, sondern es wird, in zwei jeweils stark untergliederten, logisch aufeinander bezogenen Sätzen, eine Feststellung getroffen. Dennoch stellt sich bei der Lektüre ein »narratives Erlebnis«, eine ganz spezifische Spannung ein. Wie kommt das?
Die Konstruktion des Textes ist im Grunde recht einfach: Der erste Absatz hat die Gestalt eines irrationalen Satzgefüges, dessen Gültigkeit durch das Modaladverb »vielleicht« noch über die Irrationalität hinaus abgeschwächt wird. Den zweiten Absatz bildet ein Kausalgefüge, das aus der Nichtigkeit der im ersten Satz formulierten Bedingung die Schlussfolgerung zieht. Das Argument ist also folgendermaßen aufgebaut: Wenn A, dann (vielleicht) B, da aber nicht A, folgt B auf keinen Fall, sondern C. Doch unter dieser logischen Struktur des Textes ist ein dieser zuwiderlaufender Mechanismus wirksam. Den ersten Hinweis hierauf gibt der Titel, der das Augenmerk auf ein scheinbar untergeordnetes Moment lenkt: auf den Ort des Beobachters, der im Text selbst zunächst nur als Hypothese vorhanden ist, dann aber, mit den letzten Zeilen, unvermittelt als reale Figur ins Bewusstsein tritt. Damit aber wird die auf den ersten Blick so stim-

mige Struktur des Textes gesprengt. Denn war am Ende des ersten Absatzes der »junge Galeriebesucher« gewissermaßen noch eine variable Größe und als solche mit dem unbestimmten Artikel versehen, tritt er nun als »der Galeriebesucher« aus dem Bereich der Hypothese heraus. Auf diese Weise wird das einleitende, irrationale Satzgefüge nachträglich validiert: Es verändert unter der Hand seinen Status, so dass das Verhältnis der beiden Texthälften zueinander kippt: Obwohl das Verhalten »des« Galeriebesuchers eine Reaktion auf die vermeintlich tatsächlichen Verhältnisse ist, wie sie im zweiten Satz beschrieben werden, bestätigt seine schiere figurale Existenz die Schilderung des ersten. Aus dieser paradoxen Erzählsituation heraus entsteht kein Handlungsimpuls, sondern – Rührung und damit nicht zuletzt die narrative Wirkung des Textes: Der Leser befindet sich unversehens selbst »auf der Galerie« und lässt sich, ohne in die Struktur der Erzählung eingreifen zu können, von dem Kunststück, das der Autor da vollführt, in seinen Bann ziehen.

Öffentliche Aufführungssituationen – sei es in Zirkus (*Galerie*, *Hungerkünstler*), Varieté (*Bericht*) oder Konzert (*Josefine*) – sind Thema in zahlreichen Erzählungen und Erzählansätzen Kafkas. Roger Hermes (S. 227 f.) betont, dass insbesondere die bei Kafka immer wieder vorkommenden Metaphern des Ritts (vgl. in dieser Auswahl den *Kübelreiter* und den *Landarzt*) und der Dressur in engem assoziativem Zusammenhang mit dem Schreiben zu sehen sind. Wenn das stimmt, reflektiert der Text schon im Titel, der den Zuschauer ins Zentrum rückt, seine eigenen Wirkungsbedingungen. »K. war ein großer Taschenspieler«, heißt es in einem Fragment von 1917. »Sein Programm war ein wenig einförmig aber infolge der Zweifellosigkeit der Leistung immer wieder anziehend« (N1 406). Man darf diese Stelle getrost als ironisch-selbstbewussten Kommentar Kafkas zu Stücken wie *Auf der Galerie* begreifen.

Stellenkommentar

Dampfhämmer: In der Metallverarbeitung verwendetes Werkzeug, bei dem der Hammerklotz mittels Dampfkraft gehoben und mit oder ohne Mitwirkung derselben auf den Amboss mit dem Schmiedestück fallen gelassen wurde. 29.12

29.14 **Halt!**: In den *Forschungen eines Hundes* schafft es die Erzählerfigur ebenfalls nicht, bei einer Hundenummer im Zirkus die
»Aufführung« ihrer Artgenossen zu unterbinden, die sie als wi-
dernatürlich und obszön empfindet, ohne allerdings den Mechanismus der Dressur, der dahinter steht, zu durchschauen
(vgl. N2 430).

Ein Landarzt

Textgeschichte

Die Erzählung wurde wahrscheinlich um den Jahreswechsel
1916/17 herum in dasselbe nicht erhaltene Oktavheft geschrie-
ben wie *Auf der Galerie*; vgl. dort. Kurt Wolff übernahm die
Erzählung in *Die neue Dichtung. Ein Almanach*, Leipzig: Kurt
Wolff Verlag [Januar] 1918. Einziger Wiederabdruck zu Kafkas
Lebzeiten als titelgebende Erzählung in dem Zyklus *Ein Land-
arzt* (vgl. *Vor dem Gesetz*).
Druckvorlage: *Drucke zu Lebzeiten*, S. 252–261.

Hinweise zur Deutung

»Zeitweilige Befriedigung kann ich von Arbeiten wie ›Landarzt‹
noch haben«, schreibt Kafka am 25. September 1917 in sein
Tagebuch (T 838), »vorausgesetzt, daß mir etwas derartiges
noch gelingt (sehr unwahrscheinlich) Glück aber nur, falls ich
die Welt ins Reine, Wahre, Unveränderliche heben kann.« Auch
wenn sich diese Eintragung wohl auf den gesamten *Landarzt*-
Zyklus bezieht, dessen Publikation ihm Kurt Wolf kurz zuvor
zugesichert hatte, gilt diese für Kafka außergewöhnliche Wertschätzung eines eigenen Werks doch v. a. der Titelerzählung. Für
das Verständnis dieses rätselhaften Textes ist es weiter von Be-
lang, dass Kafka für den Gesamtzyklus der *Landarzt*-Erzählun-
gen zunächst den Titel »Verantwortung« vorgesehen hatte und
dass er ihn seinem Vater widmete.
Wie kaum ein anderer Text Kafkas scheint die Erzählung *Ein
Landarzt* Darstellung seines »traumhaften inneren Lebens«

(T 546, 6.8.1914) zu sein, und wie kein anderer öffnet er sich einer psychoanalytischen Deutung. Freud begreift in der *Traumdeutung* (1900) den Traum als eine Wunscherfüllung mit den Mitteln der Fantasie, und er erklärt das Ängstigende der Traumwelt mit dem Gedanken von Kompromissbildungen, welche die Zensur der unstatthaften Wünsche des Unbewussten (»Es«) durch das »Überich« hintertreiben. Nach diesem Schema lassen sich manche Erzählzüge des *Landarztes* verstehen: Der Wunsch wegzukommen wird sogleich durch die zauberischen Pferde erfüllt; die Magd Rosa wird nach diesem Interpretationsschema gegen die Instanz des durch den Landarzt selbst repräsentierten Überich sexuell verfügbar gemacht, indem sie dem plötzlich aus dem Nichts – oder eben dem Unbewussten – aufgetauchten Pferdeknecht ausgeliefert wird, ohne allerdings in die Erlebniswelt des Landarztes selbst einzutauchen. Hierzu bedarf es – als Kompromissbildung – der Verknüpfung der »dunklen«, triebhaften Seite mit der gesellschaftlich anerkannten Funktion des Arztes: Und in der Tat wird »Rosa«, als Bestandteil des Ausdrucks »rosa Wunde« – wobei, wie treffend bemerkt wurde (Kurz, *Traum-Schrecken*, S. 126), das Adjektiv von Kafka an den Anfang des Satzes gesetzt ist, um durch den Großbuchstaben das Schriftbild anzugleichen –, direkt in den Zuständigkeitsbereich des Arztes verlegt, und mehr noch, der Wunsch, sich zu Rosa ins Bett zu legen, wird von außen an ihn herangetragen. Und geradezu überdeutlich erinnern die Beschreibung der Wunde an das weibliche Genital und die fantasierte Art ihrer Entstehung an einen Gewaltakt, an eine Vergewaltigung.

Man kann hier noch weiter ins Detail gehen, doch durch ihre Evidenz macht sich diese Interpretation ein Stück weit selbst verdächtig. Handelt es sich denn überhaupt um eine Interpretation, wenn alles so klar zutage liegt? Ließe nicht gerade der psychoanalytische Zugang eine stärkere Verschlüsselung erwarten? Legt vielleicht gar der Freud-Leser Kafka eine falsche Fährte, um von anderen Interpretationsmöglichkeiten abzulenken?

Wie die Widmung des *Urteils* diese Erzählung zu einem (Warn-) Brief an die Freundin macht, ist der dem Vater gewidmete *Landarzt*-Band, und insbesondere die Titelerzählung, ein vorweggenommener »Brief an den Vater«, der das Thema der Verantwortung, für die v. a. die Rolle des Familienvaters steht, durchdekliniert. Genau deshalb hat Kafka den *Landarzt* zur Titelerzählung gemacht: Durch die Wahrnehmung seiner Pflicht fällt der Landarzt am Schluss der Erzählung – wie der Jäger Gracchus – aus der Zeit und muss Rosa, die als mögliche Gattin verkannte Magd, dem Knecht überlassen. Wie ein nachgereichter Kommentar zum *Landarzt* liest sich vor diesem Hintergrund eine Notiz von Anfang 1918: »Wird Dir alle Verantwortung auferlegt, so kannst Du den Augenblick benützen und der Verantwortung erliegen wollen, versuche es aber, dann merkst Du, daß Dir nichts auferlegt wurde, sondern daß du diese Verantwortung selbst bist« (N2 79 f.).

Stellenkommentar

31.1 **Landarzt**: Kafkas Lieblingsonkel Siegfried Löwy praktizierte als ein solcher im mährischen Triesch.

31.20 **Schweinestalles**: Sich selbst zitierend schreibt Kafka am 27.1.1922 über das »Heranführen neuer Kräfte« in sein Tagebuch: »Hier allerdings gibt es Überraschungen, das muß der trostloseste Mensch zugeben, es kann erfahrungsgemäß aus Nichts etwas kommen, aus dem verfallenen Schweinestall der Kutscher mit den Pferden kriechen« (T 892).

32.4 **willige Mädchen**: Der erotische Nebensinn dieser Formulierung ist sicher gewollt, auch wenn Rosa sich dem Drängen des Knechts widersetzt.

32.16 **Gespann**: In Platons Dialog *Phaidros* (eine dt. Ausgabe von 1904 befand sich in Kafkas Bibliothek) wird die Seele als ein solches »unirdisches« Gespann aus zwei Pferden mit Lenker dargestellt, das zwischen den Inkarnationen am Himmel kreist.

32.20 **ich bleibe bei Rosa**: Bezeichnenderweise fällt der Name des Mädchens zuerst in der Rede des Knechts, der so überhaupt erst das Interesse des Arztes an Rosa weckt.

33.5 **Luft kaum atembar**: Hitze und dumpfe Schwüle kennzeichnen bei Kafka oft familiäre und geschlechtliche Verhältnisse. Vgl. auch die »Wärme« und den »Geruch wie von Pferden«, der aus dem Schweinestall bricht (und weiter unten, dass die Schwester den Arzt »durch die Hitze betäubt glaubt«), sowie im *Kübelrei-*

ter die »übergroße Hitze« im Kellergewölbe des Kohlehändler-Ehepaars.

Urteil: In Bezug auf die Eltern ist hiermit »Diagnose« gemeint. 33.13
Wenn allerdings gleich darauf der Sohn vom Arzt verlangt, ihn sterben zu lassen, dann wünscht er sich ein Urteil, wie es gegen Georg Bendemann im *Urteil* verhängt wird, ein Todesurteil. Und in der Tat kommt der Arzt dem so gesehen gar nicht im Widerspruch hierzu stehenden Wunsch des Jungen nach »Rettung« (35,24–25) nach, indem er ihm, bevor er »still« wird, sein amtsärztliches »Ehrenwort« »mit hinüber« gibt, dass seine »Wunde so übel nicht« sei (36,28–29).

auch ich will sterben: Das wird ihm, anders als seinem Patien- 34.13
ten, nicht gelingen; seine »Rettung« führt weder zurück ins Leben noch zu einem gewissermaßen gelebten Tod; seine Existenzweise wird, wie es im letzten Absatz heißt, ein »Umhertreiben« sein.

Bergwerk: Eine der Erzählungen im *Landarzt*-Band heißt »Ein 35.11
Besuch im Bergwerk«. Pasley beschreibt sie als eine »literarische Mystifikation« dergestalt, dass sie auf das Eintreffen von Kurt Wolffs Verlagsalmanach *Der neue Roman* und der in diesem vertretenen Autoren in Kafkas »Bergwerk« in der Alchimistengasse reagiere, wo die meisten *Landarzt*-Erzählungen entstanden. Die Wunde wäre als »Bergwerk« somit auch eine Chiffre für Kafkas – nächtliches – Schreiben, das den Verzicht auf Frau (Rosa!) und Familie erzwingt.

Gästen: Die scheinbar völlig unpassende Szenerie macht den 35.22
Heilungsversuch des Arztes zu einem Kunststück, bei dem das Publikum nicht fehlen darf. Die Weitergabe der Botschaft erinnert zudem an das Kommunikationswunder, das sich Kafka in einem der Fragmente zum *Jäger Gracchus* erträumt (hier abgedruckt in den »Hinweisen zur Deutung«, S. 149 f.).

Den alten Glauben [. . .] zu heiligen Zwecken: In einer berühm- 35.27–32
ten Oktavhefteintragung von Ende Februar 1918 heißt es: »Ich habe von den Erfordernissen des Lebens gar nichts mitgebracht [. . .], sondern nur die allgemeine menschliche Schwäche, mit dieser [. . .] habe ich das Negative meiner Zeit [. . .] kräftig aufgenommen [. . .]. Ich bin nicht von der allerdings schon schwer sinkenden Hand des Christentums ins Leben geführt worden

wie Kierkegaard und habe nicht den letzten Zipfel des davonfliegenden jüdischen Gebetmantels noch gefangen wie die Zionisten. Ich bin Ende oder Anfang« (N2 98). Die Überheblichkeit, die in dem letzten Satz zu liegen scheint, bekommt einen anderen Klang, wenn man ihn im Kontext des *Landarztes* liest. Was von der Familie als »Tätigkeit« (35,20–21) des Arztes wahrgenommen wird, ist lediglich Teil einer schal gewordenen, nur noch als Farce denkbaren Liturgie; es ist »Anfang *oder* Ende« – aber eben deshalb auch weder das eine noch das andere.

37.1 **Und er nahm's und wurde still.**: Der Einsatz des Satzes mit »Und« und die euphemistische Beschreibung des Todes markieren stilistisch eine sakrale Sphäre, die durch die Choräle des Schulchors parodistisch konterkariert wird.

37.2 **Rettung**: Zum dritten Mal ist hier von »Rettung« die Rede: Zuerst fragt sich der Landarzt, wie er Rosa retten soll, dann bittet ihn der Junge, ihn zu retten, schließlich denkt er jetzt an seine eigene Rettung. Doch wovor? Fürchtet er das »so tötet ihn«, das die Dorfbewohner singen? Oder geht es ihm nicht vielmehr darum, »das Menschengericht« zu betrügen, von dem Kafka in seinem vorletzten Brief vom 1.10.1917 an Felice Bauer sagt, dass er es »betrügen« will, »allerdings ohne Betrug« (F 756)? Dann bestünde die – allerdings äußerst »unglückselige« – »Rettung« genau im Erreichen einer Zwischenwelt *jenseits* von Verantwortung, und das doppelte »Betrogen!« des letzten Satzes wäre zumindest *auch* dem Leser zugerufen (vgl. hierzu die Interpretation von Detlef Kremer, der den gesamten Text, und insbesondere die Metapher des Ritts, auf den Vorgang des Schreibens bezieht).

37.19 **komme**: Der dritte Tempuswechsel. Die Erzählung beginnt im Imperfekt, wechselt dann, mit dem Angriff des Knechtes auf Rosa (»umfaßt es«) ins historische Präsens; der Tod des Jungen (»Nahm's und wurde still«) und der Aufbruch des Arztes werden dann wieder im Imperfekt erzählt. Dass das zum Schluss einsetzende Präsens nicht wiederum ein historisches sein kann, wird deutlich, wenn man versuchsweise den Absatz mit »Niemals *kam* ich so nach Hause« beginnen lässt. Das »Niemals-Gutzumachende« lässt einen Bericht, wie er in der Erzählung vorliegt, logisch nur als aus der Situation des Endes heraus entwickelt zu; der Landarzt vollzieht sein »Umhertreiben« *im Mo-*

ment unserer Lektüre, und wir, die Leser, sind das »bewegliche Gesindel der Patienten« selbst.

unglückseligsten Zeitalters: Vgl. den oben zu 35,27–32 zitier- 37.23–24
ten Passus aus dem Oktavheft von Februar 1918: »das Negative meiner Zeit«.

Fehlläuten: Vgl. im »Todeskahn« des Jägers Gracchus die »fal- 37.29
sche Drehung des Steuers« (40,35–41,1) und den Stellenkommentar zu 45,9 (*Kübelreiter*).

»Zwei Knaben saßen auf der Quaimauer . . .«
(*Der Jäger Gracchus*)

Textgeschichte

Das hier wiedergegebene Stück findet sich im zweiten überlieferten (also tatsächlich wahrscheinlich dem dritten) Oktavheft und ist auf Januar/Februar 1917 zu datieren. Wesentliche Motive des Stoffes finden sich jedoch schon in einem Fragment, das Kafka im Anschluss an die Affäre mit der »Schweizerin« in Riva am Gardasee und infolge der Krise seiner Beziehung zu Felice Bauer am 21. Oktober 1913 in sein Tagebuch schrieb. Max Brod und Hans-Joachim Schoeps übernahmen den Text im Rahmen der ersten Werkausgabe in den Nachlassband *Beim Bau der Chinesischen Mauer. Ungedruckte Erzählungen und Prosa aus dem Nachlaß* (Berlin: Gustav Kiepenheuer Verlag 1931). Diese Textversion beruht auf einer – zum Teil der Textlogik widersprechenden und gestrichene Passagen hinzuziehenden – Vermischung verschiedener Fassungen.

Der hier abgedruckte Texte bringt die ersten beiden Stücke des Oktavheftes, die nur durch eine kurze Bemerkung voneinander getrennt sind. Da nicht zu entscheiden ist, ob im Verständnis Kafkas beide Fragmente bündig aneinander anschließen oder ob er, ins Stocken geraten, den Handlungsfaden zum Zwecke des eingeschobenen Erzählansatzes aus der Hand gab und dann zunächst den Schluss niederschrieb, wurde die Textfuge durch Auslassungspunkte gekennzeichnet. – In der Handschrift folgt, nach dem durch Querstriche aus dem Kontext gehobenen Satz

»Ich bin der Jäger Gracchus, meine Heimat ist der Schwarzwald in Deutschland«, ein mitten im Satz abbrechender Versuch in Ich-Perspektive, der von Brod/Schoeps in zwei Teile zerlegt und in die erste Fassung hineinpraktiziert wurde. Im März oder April tastet sich Kafka erneut an den Stoff heran, indem er den Jäger Gracchus in eine Interviewsituation hineinstellt (N1 378–384). Dieser Text wurde 1946 von Brod unter dem Titel *Fragment vom Jäger Gracchus* in der zweiten Auflage der *Beschreibung eines Kampfes* veröffentlicht. Auf den 6. April ist auch ein Fragment im Tagebuch datiert (T 810 f.), das aus der Ich-Perspektive einer Erzählerfigur über den Jäger Gracchus berichtet.
Druckvorlage: *Nachgelassene Schriften und Fragmente I*, S. 305–311.

Hinweise zur Deutung

Vampire und Wiedergänger, Monster und Untote aller Art sind beliebte Motive der Schauerliteratur, die im ersten Viertel des 20. Jahrhunderts noch einmal eine Blütezeit erlebt. Auch Kafka scheint ein gewisses Faible für solche Stoffe zu haben, doch eigenartigerweise geht seinen Bearbeitungen das Schaurige ab. Kafka behandelt das Thema des »unvollständigen Todes« mit großem Ernst und unter Maßgabe der Natürlichkeit der beschriebenen Phänomene; ja, er widmet, neben dem *Jäger Gracchus* und weiteren Erzählansätzen sowie dem Dramenfragment *Der Gruftwächter* dem Scheintod einen eigenen Essay, den er allerdings ebenfalls nicht vollendet (vgl. N2 141 f.). Die jenseits aller Sensationslust oder Effekthascherei bestehende Faszination für diesen Themenkomplex und die gleichzeitige Unfähigkeit, ihn zunächst, in welcher Form auch immer, literarisch in einer ihn befriedigenden Weise zu formen, sind Zeichen für die existentielle Bedeutung, die Kafka ihm beimisst.
»Daß noch der Konservativste die Radikalität des Sterbens aufbringt!« (N2 340) So steht es in einer Notiz von Ende 1920. Nicht um Selbstmord geht es hier – ein Gedanke, der Kafka durchaus nicht fremd war –, sondern um den natürlichen Vorgang des Sterbens selbst. Malcolm Pasley hat plausibel dargestellt, dass jener »Odradek« in *Die Sorge des Hausvaters* aus

dem *Landarzt*-Band eine »literarische Mystifikation« des *Gracchus*-Stoffs ist. Über ihn heißt es gegen Ende dieser Erzählung: »Vergeblich frage ich mich, was mit ihm geschehen wird. Kann er denn sterben? Alles, was stirbt, hat vorher eine Art Ziel, eine Art Tätigkeit gehabt und daran hat es sich zerrieben; das trifft bei Odradek nicht zu. [. . .] Er schadet ja offenbar niemandem; aber die Vorstellung, daß er mich auch noch überleben sollte, ist mir eine fast schmerzliche« (D 284).

Um das »Überleben«, und zwar im Rahmen einer wie auch immer gearteten Überlieferung, geht es auch in den verschiedenen Versuchen Kafkas, den *Gracchus*-Stoff durch einen Wechsel der Erzählperspektive zu bewältigen. Wie eine Tagebuchnotiz liest sich folgende Passage, die Brod in seine Textversion hineinmontiert hat: »Niemand wird lesen, was ich hier schreibe [. . .] niemand weiß von mir [. . .]. Das weiß ich und schreibe also nicht um Hilfe herbeizurufen, selbst wenn ich in Augenblicken, unbeherrscht wie ich bin, z. B. gerade jetzt sehr stark daran denke« (N1 311). »Niemand wird lesen, was ich hier schreibe« – gelesen ist diese Behauptung natürlich paradox –, und genau in dieser Paradoxie darf man das »rettende« Potential vermuten, das im Schreiben liegt.

An einer späteren, von Kafka zum Teil gestrichenen Stelle, lässt Kafka Gracchus den Hinweis, dass er und seine Geschichte »<u>nicht</u> der Gegenstand des Stadtgesprächs« sei, mit einer Kommunikationsphantasie zurückweisen, die ihr Muster in der griechischen Sage von König Midas hat und zugleich modernste Kommunikationstechnologien einbezieht (König Midas kann nicht für sich behalten, dass er Eselsohren hat, und vertraut sich dem Röhricht an. Dieses, beim leisesten Luftzug in Bewegung geratend, verbreitet das Geheimnis in alle Winde):

»Die alten, alten Geschichten. Alle Bücher sind voll davon, in allen Schulen malen es die Lehrer an die Tafel, die Mutter träumt davon, während das Kind an der Brust trinkt, es ist das Geflüster in den Umarmungen, die Händler sagen es den Käufern, die Käufer den Händlern, die Soldaten singen es beim Marsch, der Prediger ruft es in der Kirche, Geschichtsschreiber sehen in ihrer Stube mit offenem Mund das längst Geschehene und beschreiben es unaufhörlich, in der Zeitung ist es gedruckt und das Volk reicht es sich von Hand zu Hand, der Telegraf wurde erfunden, damit es schneller die Erde umkreist, man gräbt es in verschütteten Städten aus und der Aufzug rast damit zum Dach der Wolkenkratzer, die Passiegiere [!] der Eisenbahnen verkünden es aus den Fenstern in den Ländern, die sie durchfahren, aber früher noch heulen es ihnen die Wilden entgegen, in den Sternen ist es zu lesen und die Seen tragen das Spiegelbild, die Bäche bringen es aus dem Gebirge und der Schnee streut es wieder auf den Gipfeln« (N1 382 f. u. N1A 315).

Die Kühnheit dieses Entwurfs lässt vergessen, dass er die Geschichte des Jägers weiterhin im Dunkeln lässt – und dennoch: das *Gerücht* vom Jäger Gracchus ist in der Welt und beschäftigt seither die Interpreten.

Stellenkommentar

40.10 **Riva**: Genaue Ortsbezeichnungen sind bei Kafka eher selten. In der nordital. Stadt am Gardasee erlebte Kafka seine erste Entfremdung von Felice Bauer und eine neue Liebe – zu der »Schweizerin« Gerti Wasner. Etwas von dieser Situation spürt man in der außerordentlichen Stimmungsdichte, die diesen Text auszeichnet.

40.17 **Gracchus**: Gracchio steht ital. für »Dohle«; »kavka« heißt tschech. ebenfalls »Dohle«. Immer wieder tauchen in Kafkas Texten verschiedene Rabenvögel auf, und Figuren tragen Namen, die an solche erinnern; auch das Firmenschild und der Briefkopf des väterlichen Geschäfts zierte eine Dohle. (Etymologisch geht der Familienname »Kafka« allerdings auf den Vornamen »Jakob« zurück.)

40.20 **Salvatore**: Der ital. Vorname bedeutet »Retter« und ist zugleich Beiname Jesu, »Heiland«. »Retter« ist der Bürgermeister als Empfänger und möglicher Verbreiter der Geschichte des Jägers; vgl. die oben zitierten Stellen aus den späteren *Gracchus*-Fragmenten.

40.32 **Gemse**: Nach Frank Möbus (1990) auch Bezeichnung für eine Prostituierte; hinter dem fatalen »Fehltritt« würde sich dann auch eine sexuelle Anspielung verbergen.

40.34–35 **Todeskahn**: Mitten in einen kath. geprägten Rahmen (Frau mit

Kind an der Brust, Tauben, Glockenturm, Niederknien an der Bahre und Gebet, Kerzen, »Salvatore«) setzt Kafka die Travestie eines antiken Mythologems: In der Vorstellung der Griechen wurden die Seelen der Verstorbenen von Charon in einem Nachen über den Unterweltfluss Styx zum Hades übergesetzt.

Freitreppe treibe ich mich herum: Kafka fuhr zunächst fort: 41.10–11
»Bald oben bald unten bald rechts bald links, immer in Bewegung, aus dem Jäger ist ein Schmetterling geworden« (N1A 272). Die Treppe hat ihre Funktion eines Weges zu einem Ziel hin verloren und ist zum reinen Aufenthaltsort geworden. Der Schmetterling ist gewissermaßen eine tote Raupe, die lebt; in der Antike war er daher Sinnbild der vom Körper losgelösten Seele. Kafka hat diese Stelle, die von Brod in seinen Text übernommen wurde, wohl deshalb getilgt, weil der Jäger Gracchus seinen Körper ja einerseits noch besitzt und weil ihm andererseits die Anspielung doch zu bildungsschwanger war. – Das Verhalten des Gracchus als Schmetterling erinnert übrigens sehr an den Odradek.

Julia: Wohl nicht zufällig trägt die Frau des Bootführers den   41.16
Namen der berühmtesten Geliebten der Literaturgeschichte, auch wenn – oder gerade weil – Shakespeares Figur Eheglück und Mutterfreuden bekanntlich versagt bleiben. Die *als Familie* heilige Familie des Bootsführers ist idealer Gegenentwurf zu der Junggesellenexistenz des Gracchus, dem auch ein »Salvatore« nicht helfen kann.

Mein Kahn ist [. . .] des Todes bläst.: Der Vergleich mit dem   41.35–42.2
Schluss von *Landarzt* und *Kübelreiter* lässt vermuten, dass wir es hier wirklich mit dem Ende des ersten Entwurfs zu tun haben.

Der Kübelreiter

Textgeschichte

Zur Entstehung vgl. die Textgeschichte zum *Jäger Gracchus*, an den der *Kübelreiter* in der Handschrift des Oktavheftes anschließt. Kafka hatte zunächst vor, den Text in den *Landarzt*-Band aufzunehmen, eliminierte ihn dann aber bei der Umbruchkorrektur. Zu Kafkas Lebzeiten wurde der Text nur in der *Prager Presse* vom 25. Dezember 1921 (Morgen-Ausgabe, Weihnachtsbeilage) abgedruckt.

Druckvorlage: *Drucke zu Lebzeiten*, S. 444–447.

Hinweise zur Deutung

In der Anlage erinnert diese Geschichte an den *Landarzt* und den *Jäger Gracchus* (vgl. hierzu den Aufsatz von Sabine Schindler). Insbesondere das paradoxe Verschwinden des Ich-Erzählers in einen unzugänglich-jenseitigen Bereich ist im *Landarzt* vorweggenommen. Eine stoffliche Anregung dürfte, wie schon beim *Landarzt*, in der Prager Kohleknappheit des Kriegswinters 1916/17 liegen. Man sollte jedoch nicht den Fehler machen, den Text auf diesen vermeintlichen »aktuellen Bezug« hin zu reduzieren.

An den *Landarzt*, aber auch an den *Jäger Gracchus* oder die späte Erzählung *Das Ehepaar* erinnert die Figurenkonstellation der Geschichte: Die Hauptfigur wird in Beziehung gesetzt zu einem Ehepaar oder einer Familie, in deren Privatbereich einzudringen ihr letztlich verwehrt bleibt. Und wie im *Urteil* in Bezug auf den Briefe schreibenden Freund aus Petersburg findet eine Teilverschmelzung der Hauptfigur mit einer der Nebenfiguren statt: Nicht nur, dass der Kohlehändler »kauernd« an seinem Tischchen sitzt und *schreibt* (wir dürfen uns hier durchaus an die Entstehungssituation des *Kübelreiters* in der winzigen Stube Kafkas in der Alchimistengasse erinnert fühlen) und dass es »eine alte, eine sehr alte Kundschaft« sein muss, die ihm »so zum Herzen zu sprechen weiß«: Der Kohlehändler verkörpert in seinem Keller auch eine Gegenutopie zu jener, die Kafka bereits im Januar 1913 Felice Bauer gegenüber entfaltet: »Oft dachte ich schon daran, daß es die beste Lebensweise für mich wäre, mit Schreibzeug und einer Lampe im innersten Raume eines ausgedehnten abgesperrten Kellers zu sein« (B2 40). Auch der Kohlehändler sitzt zwar in einem Keller und schreibt, aber er tut es nicht einsam, sondern als Ehemann und bei starkem Publikumsverkehr. Das Ross des Kübelreiters hingegen widersteht einer »Frauenschürze« – dem Symbol für die hausmütterliche wie für die erotische Seite des Weiblichen gleichermaßen – nicht und ist damit eines der Symbole Kafkas für die Unvereinbarkeit seines »Schreibens« mit dem Ehestand: War Kafka zur Abfassungszeit des *Kübelreiters* doch auf der Suche nach einer gemeinsamen Wohnung, die er nach seiner zweiten Verlobung mit Felice Bauer würde bewohnen wollen – eine Aufgabe, die seine Entscheidungsfreude offensichtlich krisenhaft überforderte (vgl. zu diesem Komplex auch den Kommentar zu »Mein Geschäft ruht ganz auf meinen Schultern . . .« [*Der Nachbar*]).

Stellenkommentar

ein silberner Schild [. . .] ihm Hilfe will: Man beachte die hyperbolische Bildlichkeit: Gott (»Himmel«) nutzt die Wölbung des Firmaments (ebenfalls »Himmel«) als »Schild« gegen seinen Schutzbefohlenen. – Wie im *Landarzt* und im *Jäger Gracchus* wird auch hier ein gleichsam pervertierter religiös-liturgischer Subtext angelegt: Vgl. weiter unten die Berufung auf das Fünfte Gebot »Du sollst nicht töten« und den Kommentar zum »Abendläuten«. 43.5

Bis: In dieser Konstruktion landschaftlich für: sobald. Die Verwendung von »bis« als Konjunktion war Gegenstand eines freundschaftlichen Streits zwischen Kafka und Felice Bauer (deren Auffassung vom hochsprachlichen Standpunkt aus gesehen die korrekte war). Am 22.9.1917 bittet Kafka Felix Weltsch (1884–1964) um »bibliothekarische« Hilfe in diesem »alten ›bis‹-Streit« und unterstreicht seine Bitte mit dem Satz: »Die Sache ist nicht unwichtig zur Charakterisierung meiner Doppelstellung ihr gegenüber als eines Erd- und Höllenhundes« (Br 169). 44.3

45.9 **Abendläuten**: Auch dies gewissermaßen ein »Fehlläuten« wie im *Landarzt*, das nicht für die Botschaft christl. Nächstenliebe steht, sondern im Gegenteil, indem es das »nicht gleich« des Bittenden ins Groteske vergrößert, den Vorwand dafür liefert, die Bitte zu überhören.

45.26 **Nimmerwiedersehn**: In der Handschrift folgt nach einem Querstrich folgender gestrichener Absatz:

»Ist [es] hier wärmer, als unten auf der winterlichen Erde? Weiß ragt es rings, mein Kübel das einzig Dunkle. War ich früher hoch, bin ich jetzt tief, der Blick zu den Bergen renkt mir den Hals aus. Weißgefrorene Eisfläche, der Himmel, strichweise durchschnitten von den Bahnen verschwundener Schlittschuhläufer. Auf dem hohen keinen Zoll breit einsinkenden Schnee folge ich der Fußspur der kleinen arktischen Hunde. Mein Reiten hat den Sinn verloren, ich bin abgestiegen und trage den Kübel auf der Achsel« (N1A 275 zu N1 316).

Der »erbarmungslose Himmel« des ersten Absatzes ist zur Eisfläche geworden, »strichweise durchschnitten« (man kann auch sagen: durchgestrichen) durch die Kratzspuren von Schlittschuhen – und damit seiner transzendenten Sinnhaftigkeit beraubt wie die Marmorblöcke im *Tempelbau*-Fragment.

Eine kaiserliche Botschaft

Textgeschichte

Handschriftlich überliefert im Rahmen der unvollendeten Erzählung *Beim Bau der Chinesischen Mauer* in »Oktavheft C«, das Kafka Februar/März 1918 benutzte. Kafka hat den dort als »Sage« bezeichneten und als solchen in sich geschlossenen Text für den *Landarzt*-Band (vgl. *Vor dem Gesetz*) herausgelöst. Der Titel »Eine kaiserliche Botschaft« taucht zum ersten Mal in einer zweiten Titelliste für diesen Band auf, die Kafka auf dem letzten Blatt des nämlichen Oktavheftes festhielt. Ein Erstabdruck erfolgte in der »Neujahrs-Festnummer« der »Unabhängigen jüdischen Wochenschrift« *Selbstwehr* am 24. September 1919. Druckvorlage: *Drucke zu Lebzeiten*, S. 280–282.

Ungewöhnlich an dieser Erzählung ist die direkte Anrede eines
»Du«, das Kafka in Anlehnung an den Briefstil immer groß
schreibt. Zwar ist die direkte Wendung an den »geneigten Leser«
oder, häufiger, die »Leserin« ein beliebter Topos, jedoch zumeist
in der Form eines Fiktionsbruchs, eines Ausscherens aus der Geschichte zum Zweck einer allgemeinen Betrachtung des Erzählers, der sich durch die Anrede als ein solcher zu erkennen gibt.
Das ist hier anders. Denn mit dem Einschub »so heißt es« wird,
wie auch durch die Gattungsbezeichnung »Sage« in dem von
Kafka ausgeblendeten Rahmentext, eine Erzählerfigur ausdrücklich negiert. Und wenn schon niemand spricht, wer ist
dann mit jenem »Du« gemeint?
Wie immer empfiehlt es sich, Kafka beim Wort zu nehmen:
»Du«, der »Einzelne« ist genau jener, der im Moment der Lektüre angesprochen ist: der konkrete Leser, »gerade« er (oder sie).
Der Unterschied zu einer traditionellen Wendung aus dem Text
heraus besteht darin, dass jenes »Du« spätestens mit dem letzten
Satz selbst zur handelnden Person, zur Figur wird, die sich durch
die *Architektur* des Texts hindurchgelesen hat. Die Lektüre gerät
so zum Er-Lesen jener »kaiserlichen Botschaft«, die der Text,
angekündigt durch die Überschrift, selbst ist. Allerdings bleibt
sie leer: Man muss sie sich »erträumen«, und das heißt nichts
anderes, als den Text zu interpretieren.

Stellenkommentar

Zuschauerschaft seines Todes: Am 21.11.1916 war der seit   46.10–11
1848 regierende Kaiser von Österreich Franz Joseph I. 86-jährig
gestorben. Überhaupt erinnern die »chinesischen« Verhältnisse
im Rahmentext an die Umstände der zerfallenden Donaumonarchie: Die einzelnen Völkerschaften mit ihren je eigenen Dia-
lekten verstehen einander nur unvollständig; die Informations-
wege in dem Riesenreich sind so vertrackt, dass man nicht weiß,
welchen Status eine eintreffende Nachricht hat usw. Man sollte
dergleichen historische Reminiszenzen jedoch nicht überbewer-
ten: Hauptsächlich geht es in dieser Erzählung um die Methode

des »Teilbaus«, nach der Kafka die »Chinesische Mauer« in verschiedenen Abschnitten unabhängig voneinander entstehen lässt. Modell für diese Technik dürfte die – damals bereits zum Erliegen gekommene – Arbeit am *Process* sein, bei der Kafka, wie der Handschriftenbefund zeigt, zwischen den einzelnen Kapiteln und anderen Texten hin und her sprang.

»Mein Geschäft ruht ganz auf meinen Schultern . . .« (*Der Nachbar*)

Textgeschichte

Der Text eröffnet »Oktavheft D« und entstand demnach Ende März 1917. Brod und Schoeps haben den Text aus dem Nachlass unter dem Titel *Der Nachbar* in *Beim Bau der Chinesischen Mauer* veröffentlicht (vgl. *Jäger Gracchus*).
Druckvorlage: *Nachgelassene Schriften und Fragmente I*, S. 370–372.

Hinweise zur Deutung

Das Doppelgängermotiv, das diese Erzählung strukturiert, ist bei Kafka häufig und in verschiedenen Variationen anzutreffen. Schon die erste überlieferte Erzählung, die *vertrackte Geschichte vom schamhaften Langen und vom Unredlichen in seinem Herzen* (B1 17–19) benennt dieses Thema in der Überschrift; der Beter aus der *Beschreibung eines Kampfes* wird ebenso zum Alter Ego des Erzählers wie im *Urteil* der »Freund in Petersburg« zu jenem Georg Bendemanns; in der *Verwandlung* wird Gregor Samsa durch seine veränderte Gestalt, als »Verwandlung«, zum fratzenhaften Doppelgänger seiner selbst; der Landarzt und sein Patient bilden ein durchaus unter dem Begriff »Doppelgänger« zu fassendes Paar; in der späten Erzählung *Der Bau* nähert sich ein immer lauter werdendes Zischen dem in seinem für uneinnehmbar gehaltenen »Bau« eingegrabenen Tier – unschwer auch hier zu erkennen, dass jener »Zischer« mit der Erzählerfigur eine wie auch immer geartete personale Einheit bildet.

Die Situation, die im *Bau* labyrinthisch ausgebreitet wird, ist in dieser Erzählung aus der mittleren Schaffenszeit in wenigen präzisen Erzählzügen angelegt. Die Ich-Figur hat sich scheinbar sicher etabliert; ein Konkurrent – wenn es denn einer ist – zieht in die »Nachbarwohnung«, was den Erzähler dazu bringt, ein Bedrohungsszenario zu entwerfen, das, unabhängig davon, ob es begründet ist, die Erzählerfigur früher oder später in den Ruin treiben wird, da sie nicht mehr souverän zu agieren weiß.

Doch der Text ist mehr als eine Etüde über Paranoia und Verfolgungswahn. Ein Thema, das zumindest mit anklingt, ist die Veränderung, die menschliche Beziehungen durch technische Neuerungen, in diesem Fall das Telefon, erfahren können. Das Telefon war für Kafka ständiges Hilfsmittel seiner Büroarbeit; privat stand er, zumal nach den gescheiterten Briefexzessen mit Felice Bauer, medial vermittelter Kommunikation skeptisch gegenüber. An Milena Jesenská schreibt er Ende März 1922:

»Wie kam man nur auf den Gedanken, daß Menschen durch Briefe mit einander verkehren können! Man kann an einen fernen Menschen denken und man kann einen nahen Menschen fassen, alles andere geht über Menschenkraft. Briefe schreiben aber heißt, sich vor den Gespenstern entblößen, worauf sie gierig warten. Geschriebene Küsse kommen nicht an ihren Ort, sondern werden von den Gespenstern auf dem Wege ausgetrunken. Durch diese reichliche Nahrung vermehren sie sich ja so unerhört. Die Menschheit fühlt das und kämpft dagegen, sie hat, um möglichst das Gespenstische zwischen den Menschen auszuschalten, und den natürlichen Verkehr, den Frieden der Seelen zu erreichen, die Eisenbahn, das Auto, den Aeroplan erfunden, aber es hilft nichts mehr, es sind offenbar Erfindungen, die schon im Absturz gemacht werden, die Gegenseite ist soviel ruhiger und stärker, sie hat nach der Post den Telegraphen erfunden, das Telephon, die Funkentelegraphie. Die Geister werden nicht verhungern, aber wir werden zugrundegehn« (M 302).

So gesehen, geht die Bedrohung für den Geschäftsmann weniger von Harras als vom Gebrauch des Telefons an sich aus, oder genauer: Das Telefon ist Symptom seines in den Untergang führenden »gespenstischen« Verkehrs mit der Welt. Dafür spricht auch der Auslöser der sich anbahnenden Katastrophe: Erst eine

Küche machte die Wohnung ja als solche – für eine Familie! – bewohnbar. Aber die Frauen sitzen als »Fräulein« an ihren Schreibmaschinen.

Stellenkommentar

48.10 **Nebenwohnung**: Offenbar handelt es sich also auch bei dem Etablissement des Erzählers um eine »Wohnung«. Allerdings weist nichts darauf hin, dass diese auch »bewohnt« wird; alle Räume dienen ausschließlich dem »Geschäft«.

48.12–13 **außerdem aber noch eine Küche**: Kafka hatte unlängst eine Wohnung im Schönborn-Palais angemietet, in die »nach dem Krieg« auch Felice Bauer hätte ziehen sollen. Das allerdings hätte zunächst ihren Verzicht auf eine Küche nötig gemacht (vgl. den langen Brief von Dezember 1916/Januar 1917, F 752).

48.18 **Harras**: Der Anklang an den Namen »Kafka« weist Harras ebenso als Mitglied der Gracchus-Familie aus wie sein nicht zu fassendes Wesen und seine in der Erzählung genannten Aufenthaltsorte: die Treppe und das Kanapee, das aus der Verwandlung bestens bekannt ist und bei dem Kafka wohl auch an den bevorzugten Ort seiner häuslichen Mittagsruhe dachte.

Ein Bericht für eine Akademie

Textgeschichte

Die Niederschrift erfolgt, bis auf den handschriftlich nicht überlieferten Schluss, am Ende von »Oktavheft D«. Am 22. April 1917, also kurz nach der Fertigstellung, bietet Kafka die Erzählung zusammen mit anderen Stücken des späteren *Landarzt*-Bandes Martin Buber (1878–1965) für die Monatschrift *Der Jude* an, wo sie im November erscheint; ein Nachdruck in der *Oesterreichischen Morgenzeitung* vom 25. Dezember 1917 (Weihnachtsbeilage) war von Kafka nicht autorisiert. Die Erzählung schließt den *Landarzt*-Band (vgl. *Vor dem Gesetz*) als dessen umfangreichster Text ab.
Druckvorlage: *Drucke zu Lebzeiten*, S. 299–313.

Tiere spielen bei Kafka seit der *Verwandlung* eine wichtige Rolle, aber erst mit dem *Bericht für eine Akademie* gelingt Kafka eine umfangreiche Erzählung ganz aus der Ich-Perspektive eines Tieres. Sprechende Tiere haben in der Geschichte der Literatur eine lange Tradition – von tiergestaltigen Göttern in alten Mythen über Märchen und Fabeln bis zu höchst artifiziellen Adaptionen dieser volkstümlichen Formen. Kafkas, wenn auch nicht ungebrochene, Sympathie für das Märchen ist bekannt, ebenso seine Vorliebe für Schaustellerei aller Art einschließlich Dressurnummern. Selbst aus der Lektüre von Fachzeitschriften zog er Anregungen, u. a. für den *Bericht* und den *Hungerkünstler* (vgl. den Aufsatz von Bauer-Wabnegg, der zudem eine Aufstellung aller Texte gibt, in denen sich Kafka auf darstellende Künste bezieht). Und schließlich sind als wahrscheinliche literarische Quellen für den *Bericht* E. T. A. Hoffmanns (1776–1822) Novellen *Nachricht von einem gebildeten jungen Mann* und *Nachricht von den neuesten Schicksalen des Hundes Berganza* (beide in den 1814 erstmals erschienenen *Fantasiestücken in Callots Manier*) sowie Wilhelm Hauffs (1802–1827) satirische Erzählung *Der Affe als Mensch* (in: *Märchen-Almanach für Söhne und Töchter gebildeter Stände auf das Jahr 1827*) zu nennen. Von ihrer Struktur her sind diese Texte eher schlicht, aber sie eignen sich, unabhängig von der Frage eines direkten Einflusses, das Besondere von Kafkas Tiergeschichte zu verdeutlichen.
Die Plots der beiden Affenerzählungen von Hoffmann und Hauff verhalten sich spiegelbildlich zueinander: Während Hoffmanns Milo am Ende hoffen darf, sich »immer mehr und mehr« von den »Überbleibseln des ehemaligen rohen Zustandes [. . .] zu reinigen«, stellt Hauffs »junger Engländer« (hinter dem ein gewitzter Dresseur steht) die gute Gesellschaft bloß, indem er sich, nachdem diese unreflektiert seine Verhaltensweisen als Mode übernommen hat, restlos zum Affen zurückverwandelt. Gemein ist beiden Figuren, dass ihre neue Identität nahtlos aus ihrer alten hervorgeht. Das lässt den einen auf die Ebene des Tiers zurückfallen, sobald die geschickt getarnte Maßregelung durch den Dresseur unterbleibt, während sich der andere in aller

Freiheit für eine Fortsetzung des kulturellen Prozesses entscheidet.

Äußerlich scheint Kafkas Geschichte demselben Konstruktions-
prinzip zu folgen wie diejenige Hoffmanns. In Wirklichkeit jedoch geschieht bei Kafka etwas grundsätzlich anderes. Kafka
geht in seinen Tiergeschichten – hierin der Fabel vergleichbar –
von einer charakteristischen oder dem jeweiligen Tier als charakteristisch zugesprochenen Eigenschaft aus, wie sie sich im
redensartlichen Gebrauch des Tiernamens auszudrücken pflegt:
Im Falle des Affen ist dies die Lust an der Nachahmung, seine
Fähigkeit »nachzuäffen«. Schon 1911, in der Nacht auf Silves-
ter, macht sich Kafka, der bestimmte Verhaltensweisen »ohne
Mühe« zu imitieren weiß, im Tagebuch Gedanken über seinen
eigenen »Nachahmungstrieb«, der »nichts Schauspielerisches«
habe; gerade der »Durst nach Nachahmung entfernt mich vom
Schauspieler, weil diese Mühelosigkeit ihr Gegenspiel darin hat,
daß niemand merkt, daß ich nachahme«. Und später heißt es
vom »Wesen des schlechten Schauspielers«, dass es nicht darin
bestehe, »daß er schwach nachahmt«, sondern »daß er die Grenzen des Spiels nicht wahrt und zu stark nachahmt« (T 329 f.).

Diese etwas schrullige Selbstcharakteristik nimmt das Kon-
struktionsprinzip des *Berichts* vorweg: Die Nachahmung ist, mit
dem Ausdruck aus der *Josefine* (81,19), als »charakteristische
Lebensäußerung« des Affen zu seiner Natur geworden, einer
»Natur« allerdings, die ihn weder in der Kultur des Menschen
heimisch werden noch jene Identität *vor* dem Beginn Nachahmung, die ja Aneignung eines Fremden bleibt, zurückerobern
lässt. Der sich dem Affen bietende »Ausweg« ist daher nicht nur
im Sinne von »Rettung«, sondern auch wörtlich als »Weg aus«
dem Koordinatensystem einer durch individuelles Handeln geprägten Welt zu verstehen.

Das Hineingleiten in dieses Zwischenreich kann der Affe natürlich selbst nicht schildern, weil er mit dem Durchschauen seiner
Situation den Bann gebrochen hätte und zum Menschen geworden wäre. Kafka macht diese Wahrnehmungslücke des Affen
deutlich in dessen Schilderung des Matrosen als seines »Lehrers«, dessen einzige Freude es in Wirklichkeit ist, den Nachahmungstrieb des Tieres dazu zu missbrauchen, es zu quälen. Das

kann nur der Leser nachvollziehen; der Affe empfindet die Grausamkeiten, und zwar ohne jede Ironie, die dem Modus des reinen Nachahmens fremd bleiben muss, als *Unterricht*. Und da er offenbar gelernt hat, wie es in Akademien zugeht, teilt er diesen auch noch ein in einen »theoretischen« und einen »praktischen«. Ob die »hohen Herren« des Lespublikums mit den so verbreiteten »Kenntnissen« in puncto schwärzester Pädagogik etwas anzufangen wissen?

Stellenkommentar

Bericht über mein äffisches Vorleben einzureichen: Die Formulierung besagt eindeutig, dass Kafka nicht an einen Bühnenmonolog, sondern an die Fiktion eines schriftlichen Dokuments gedacht hat. Dennoch wird der *Bericht* immer wieder aufgeführt – zuweilen unter Entfaltung eines beträchtlichen dramatischen Potentials.   50.4–5

Nahezu fünf Jahre: Eines von Kafkas autobiografischen Einsprengseln: Vor gut viereinhalb Jahren entstand das *Urteil*, das Kafka als den eigentlichen Beginn seiner literarischen Laufbahn – gewissermaßen als »Ausweg« – erlebte.   50.7

Achilles: Der wichtigste Kämpfer des griech. Heeres vor Troja ist nur an der Ferse verwundbar und stirbt durch einen Pfeilschuss in dieselbe, daher »Achillesferse« übertragen für: Schwachpunkt, gefährdete Stelle. Kafka verwendet das Bild assoziativ für eine Zone, die sich der Kontrolle des Einzelnen entzieht und in ihrer Unbestimmbarkeit nur als »Kitzel« wahrgenommen werden kann.   51.5

Firma Hagenbeck: Karl Hagenbeck (1844–1913), Hamburger Tierhändler, gründete 1907 den Tierpark Stellingen; Autor der Buches *Von Tieren und Menschen. Erlebnisse und Erfahrungen* (1907), das Binder (*Schaffensprozeß*, S. 295) und Bauer-Wabnegg (*Monster und Maschinen*, S. 350 ff.) als stoffliche Quelle für Kafka in Betracht ziehen. Beiden entgeht jedoch, dass Kafka den von Hagenbeck propagierten »menschlichen« Umgang mit Tieren nicht affirmativ illustriert, sondern doch wohl eher in Frage stellt.   51.24

unterhalb der Hüfte: Auch die Wunde des Jungen im *Landarzt*   52.1

befindet sich »in der Hüftengegend« (35,8). Der Gedanke an eine Kastrationsfantasie im Sinne der Psychoanalyse liegt nahe, auch wenn es sich der Affe »nach Affenart« bei seiner Artgenossin »wohlgehen« lässt (60,24–25). Vielleicht aber sollte man weniger an Freud als an die notorische Zeugungsangst Kafkas denken, der sich der Verantwortung einem eigenen Kind gegenüber nicht gewachsen fühlte.

52.12 **Pelz**: »Pelz« bezeichnet streng genommen die zu menschlicher Kleidung verarbeitete behaarte Tierhaut. Im Gegensatz hierzu ist das »Fell«, von dem oben die Rede ist (50,30), der letzte Rest »Affentum«, den sich der Affe »vom Leib [. . .] schinden« müsste, um – eines von Kafkas Paradoxen – ganz Mensch geworden, wieder Zugang zur Affenwelt zu erhalten. Die Ambivalenz der Tierhaut von »Pelz« (als Kleidung) und »Fell« (als natürlicher Behaarung) beleuchtet in der für Kafka charakteristischen sprachlichen Präzision den Zwischenbereich, der sich dem Affen als »Ausweg« eröffnet.

53.4 **Ausweg**: Dieser Begriff bildet zusammen mit »Freiheit« die gedankliche Achse des Textes. Das von dem Affen gelebte kompromisslose »Künstlertum« eröffnet ihm einen Bereich zwischen Selbstmord und Gefangenschaft, macht wirkliche »Freiheit« jedoch unmöglich – und zwar nicht, weil ihn die Geschäfte zwängen, sondern weil er keine Einsicht in die Zwänge, d. h. die Mechanismen der Dressur erlangt.

53.10 **Schwanzes**: Zoologisch inkorrekt; Schimpansen haben keine Schwänze.

54.18 **Trapezen**: Ein solcher »Trapezkünstler«, der sich von seinem Schaukelreck unter der Zirkuskuppel kaum noch zu lösen vermag, ist der Held von Kafkas Erzählung *Erstes Leid* von 1922. Seine »Menschenfreiheit« besteht, in Umkehrung der Karriere des Affen, darin, sich in seinem Verhalten nahezu in ein Tier zu verwandeln.

55.19–20 **kitzelte mich [. . .] angenehm war**: Natürlich können die Matrosen nicht wissen, wo es dem Affen »angenehm« ist. Hier setzt die solipsistische Wahrnehmung des Affen ein, die die Motive des menschlichen Handelns ausblendet.

57.3 **Schnapsflasche**: Der Abscheu des Naturköstlers Kafka gegenüber Alkohol und Tabak (vgl. später die Pfeife) ist notorisch.

riesigen guten Hand: Die hier mit geradezu religiöser Inbrunst 58.16 benannte Hilfe des Matrosen entspringt nicht seiner Güte, sondern der Angst vor seinem Arbeitgeber, dem er die Ware lebendig übergeben muss. Diesen Zusammenhang durchschaut der Affe nicht und kann ihn daher auch nicht explizit in seinen »Bericht« aufnehmen.

Man beaufsichtigt sich [. . .] Peitsche: Vgl. den Kommentar zu 59.20–21 *Ein Philosoph* . . . und folgenden Aphorismus von 1920: »Das Tier entwindet dem Herrn die Peitsche und peitscht sich selbst um Herr zu werden und weiß nicht daß das nur eine Phantasie ist, erzeugt durch einen neuen Knoten im Peitschenriemen des Herrn« (N2 119 u. 344). Die Funktion der Peitsche wird zunächst von der Schnapsflasche eingenommen, sodann verselbständigt sich der Mechanismus.

Redensart: sich in die Büsche schlagen: Die Redensart geht zu- 60.8–9 rück auf den letzten Vers von Johann Gottfried Seumes (1763– 1810) Gedicht »Der Wilde« (1801). Während sich Seumes eingeborener »Kanadier« jedoch »seitwärts in die Büsche« schlägt, um nach Hause zu kommen, nachdem er den verirrten »Pflanzer« aus Europa wieder auf die »rechte Straße« gebracht hat, sind die »Büsche« für Kafkas Affen gerade die Kunstwelt des Varietés, die ihm den heimatlichen »Busch« für immer versperrt. »Ausgezeichnet« kann die Redensart für ihn nur sein, weil er sie ausschließlich in der (Seumes Intention pervertierenden) übertragenen Bedeutung »sich seitwärts davonmachen« zu verwenden weiß – so eben, wie er sie auf dem Wege unreflektierter Nachahmung übernommen hat.

»Beweis dessen, daß auch unzulängliche . . .«
(*Das Schweigen der Sirenen*)

Textgeschichte

Niederschrift in »Oktavheft G« am 23. oder 24. Oktober 1917. Brod und Schoeps veröffentlichten den Text unter dem Titel *Das Schweigen der Sirenen* erstmals in *Beim Bau der Chinesischen Mauer* (vgl. *Jäger Gracchus*).
Druckvorlage: *Nachgelassene Schriften und Fragmente II*, S. 40–42.

Hinweise zur Deutung

Diese Parabel bildet in mehr als einer Hinsicht einen Wende- und Höhepunkt in Kafkas Schaffen. Biografisch markiert sie Kafkas poetische Reaktion auf den Ausbruch seiner Lungenkrankheit und den dadurch beförderten inneren Entschluss, auch die zweite Verlobung mit Felice Bauer zu lösen. Werkgeschichtlich sind in ihr zentrale Motive des Kafka'schen Erzählkosmos auf engstem Raum zusammengeführt. Poetologisch bezieht sie sich auf einen Gründungsmythos der abendländischen Literatur- und Geistesgeschichte. Kein Wunder, dass dieser Text einer der meistinterpretierten, aber noch immer rätselhaftesten Kafkas ist. Zum Einstieg in die Deutung wird hier der Weg über den mythologischen Urtext gewählt. Auch in der homerischen *Odyssee* kommt dem Sirenenmythos eine Schlüsselfunktion zu. Odysseus befindet sich mit seinen Gefährten auf der Heimreise vom Krieg um Troja, der durch seine List zu Gunsten der griechischen Partei entschieden wurde. Die Zauberin Kirke hat ihn darüber belehrt, dass er mit seinem Schiff die Sirenen werde passieren müssen, was noch niemandem gelungen sei. Diese hinderten nämlich mit ihrem Gesang in Rufnähe geratene Seeleute an der Heimkehr, bis sie, lauschend, ihr Leben ließen. Von Kirke erfährt Odysseus bei Homer (8. Jh. v. Chr.) auch, wie er sich vor dieser Gefahr retten kann, ohne auf den Gesang verzichten zu müssen: Er soll seinen Gefährten für die Dauer der Passage die Ohren verstopfen und sich selbst an den Mast binden lassen. Ein genialer Kunstgriff Homers besteht nun darin, dass er Odysseus diese Geschichte selbst vor Zuhörern erzählen – und das heißt: im epischen Format »singen« – und ihn dabei gewissermaßen selbst in die Rolle einer Sirene schlüpfen lässt. Die hatten nämlich versucht, ihn mit der Erzählung seiner eigenen Erlebnisse und Taten vor Troja zu »fesseln«. Indem Odysseus als der einzige Überlebende – und als einziger Zeuge! – dieser Abenteuer genau das mit seinem Publikum tut, speist er den Sirenenmythos, der mithin ein Mythos über das Tradieren von Mythen ist, in die mythische Überlieferung ein. (Nicht umsonst hat, wer immer hinter »Homer« steckt, die Sirenenerzählung fast genau in die Mitte seiner *Odyssee* platziert.)

Die Veränderungen, die Kafka an der Erzählung vornimmt, zielen genau auf diesen Punkt:

Erstens: Die Sirenen schweigen.

Zweitens: Odysseus wendet die Mittel, die bei Homer auf ihn und seine Gefährten verteilt werden, beide bei sich an, obwohl sie sich in ihrer Wirkung zu widersprechen scheinen (warum sollte er sich fesseln lassen, wenn er nicht hören kann?).

Drittens fehlt Kirke, und es fehlen die Gefährten, die ja derselben Nutzlosigkeit von Odysseus' »Mittelchen« ausgeliefert wären.

Viertens werden ausgerechnet die homerischen Fesseln, die Odysseus gar nicht mehr zu benötigen scheint, grotesk zu einem »Festschmieden« hin verstärkt.

Fünftens wird von Kafka das Moment des Vergessens hinzugefügt, und zwar eines endgültigen Vergessens, das in ein Nichtwissen einmündet: »Bald aber glitt alles an seinen in die Ferne gerichteten Blicken ab, die Sirenen verschwanden ihm förmlich und gerade als er ihnen am nächsten war, wußte er nichts mehr von ihnen.«

Aus alledem aber folgt, dass systematisch jede Möglichkeit der Traditionsbildung, die das heimliche Thema der homerischen Sirenenerzählung ist, von vornherein ausgeschlossen wird. Weder gibt es jemanden, der Odysseus nach der Passage des Sirenenfelsens an das Geschehene erinnern könnte, noch gibt es eine göttliche Instanz wie Kirke oder, abstrakt gesprochen, eine *Mythologie*, die den Mythos in einen bestimmten und damit erzählbaren Kontext stellen würde. Stattdessen sind die Machenschaften der Sirenen »in aller Welt bekannt«, was zwar einerseits Erzählvoraussetzung ist, da nur so die Waffe des Schweigens eine »noch schrecklichere« sein kann – denn woraus sollte sonst die »alles fortreißende Überhebung«, der »nichts Irdisches widerstehn« kann, resultieren? –, was aber andererseits eben dieser Erzählvoraussetzung den Boden unter den Füßen wegzieht, da niemand als Odysseus den Sirenen ihre Popularität verschafft haben kann, denn »nur Odysseus ist ihnen entgangen«. Der aber, daran gibt es nichts zu deuten, weiß in dem Moment und für alle Ewigkeit nichts mehr von ihnen, in dem er ihnen »am nächsten« ist; er hat sie mit einer Gründlichkeit *vergessen*, mit der man sonst Dinge nur lernen kann. Dass dieser Widerspruch keinem Gedankenfehler Kafkas entspringt, sondern der Gedanke des Textes *ist*, zeigt sich darin, dass Kafka ausgerechnet jenes Detail verstärkt, das er von der Anlage seiner Erzählung überhaupt nicht zu benötigen scheint: Obwohl er der Fessel mit seinen verstopften Ohren eigentlich nicht bedürfte, lässt sich Odysseus bei Kafka an den Mast *schmieden* – und das ohne einen Gefährten, der ihn loseisen könnte.

Kafkas Odysseus hat keine Vergangenheit – die verliert er, indem er die Sirenen, die seine Geschichte erzählen, zum Verstummen bringt –, und er hat keine Zukunft, denn er wird Frau und Sohn in Ithaka nie erreichen. Odysseus hat die Sirenen nicht besiegt, sondern er »ist ihnen entgangen«. Homers Odysseus hat die Sirenen in dem Moment besiegt, in dem er die Geschichte seiner Irrfahrten in die epische Tradition eingespeist hat. Kafka Odysseus macht eine Überlieferung, *ohne deren Kenntnis man den Text gleichwohl nicht versteht*, unmöglich.

»Es wird allerdings noch ein Anhang hiezu überliefert«. Auch wenn der »mit Menschenverstand nicht mehr zu begreifen ist«, ist er der Analyse doch nicht völlig unzugänglich. Bisher haben wir ein zwar geschickt verhülltes, letztlich aber doch klar strukturiertes Paradox vorliegen: Es wird ein Text erzählt, dessen Inhalt die Zerstörung seiner Erzählvoraussetzung ist – eine postmoderne Spielerei gewissermaßen am Anfang der Moderne. Wie ein Kommentar zu der Sirenenerzählung liest sich vor diesem Hintergrund eine Notiz Kafkas, die gut zwei Jahre nach dem Sirenentext entstand:

»Alles was er tut, kommt ihm zwar außerordentlich neu vor, aber auch entsprechend dieser unmöglichen Fülle des Neuen außerordentlich dilettantisch, kaum einmal erträglich, unfähig historisch zu werden, die Kette der Geschlechter sprengend, die bisher immer wenigstens zu ahnende Musik der Welt zum erstenmal bis in alle Tiefen hinunter abbrechend. Manchmal hat er in seinem Hochmut mehr Angst um die Welt als um sich« (T 848 f., 13.1.1920).

Dem *Neuen*, das hier angesprochen wird, entspricht die unerhörte List des Odysseus, dem *Dilettantischen* das *Kindische* seiner »Mittelchen«, dem *Verstummen der Sirenen* die *bis in alle Tiefen abbrechende Musik der Welt*, der *gesprengten Kette der Geschlechter* die endgültige Loslösung des Odysseus aus dem genealogischen Zusammenhang einer Mythologie (und natürlich die Aufgabe des Heiratsvorhabens nach den Blutstürzen), dem *Hochmut* die *Überhebung*. Doch wer ist »Er«, und worin besteht seine Tätigkeit? Offensichtlich handelt es sich um die Tätigkeit des Autors Kafka selbst, der sich in seinen Aufzeichnungen nicht selten hinter der 3. Person Singular versteckt. Die Haltung die in diesem Aphorismus eingenommen wird, entspricht also jener des »Anhangs« zur Sirenenerzählung, der ja den erzählten Mythos zu einem »Scheinvorgang« degradiert, der zum Schild gegen das Verstummen der Sirenen wird, das dieser Text selbst überhaupt erst erzeugt. Ein Paradox, das es in sich hat, eines zweiter Stufe sozusagen, eines, wie gesagt, das mit Menschenverstand nicht mehr zu begreifen ist. Der Schild gegen das Verstummen der Geschichte (denn was anders ist die »Musik der Welt«?) besteht in einer »Geschichte«, die die Unmöglichkeit von Geschichte *erzählt*. Ein guter Mythos oder eine gute Geschichte, klärt uns Aristoteles (384–322 v. Chr.) in der *Poetik* auf, ist, was Anfang, Ende und eine Mitte hat. Homers Sirenenerzählung entspricht dieser Forderung auf ideale Weise; aus diesem Grund kann sie zur Episode innerhalb einer Mythologie werden. Kafkas Text zerstört die logischen Voraussetzungen von Anfang und Ende und perpetuiert stattdessen die Mitte zu einer zeitlosen Gegenwart: Mit der Vorbeifahrt an den Sirenen ist er »gerettet«, aber er hat, wie der Jäger Gracchus, den Tod verloren.

61.3 **Beweis:** Dieser Begriff ist – gegen Brods Textedition – als Überschrift ernst zu nehmen und mit dem letzten Absatz des Textes in
Beziehung zu setzen. Wie so oft verwendet der Jurist Kafka eine
Metapher aus dem Bereich der Rechtsprechung, und *indem der
Beweis durch das Erzählen des Textes vollzogen wird*, wird dieser selbst zum »Schild«, den Kafka der »Schicksalsgöttin« ent-
gegenhält.

61.3–4 **kindische Mittel zur Rettung:** Vgl. im *Tempelbau*-Fragment die
Wandlung der Unbeholfenheit »sinnloser Kinderhände« zu der
großartigen Schärfe von »Instrumenten« »barbarischer Gebirgsbewohner«.

61.6 **Wachs in die Ohren:** Der übernervöse und an Schlaflosigkeit
leidende Kafka war ständiger Nutzer von »Ohropax-Geräusch-
schützern« – durch Watte stabilisierten Wachskügelchen zum
Einführen in den Gehörgang –, die er sich extra aus Berlin kommen ließ.

61.6–7 **festschmieden:** Dieses Motiv könnte Kafka von dem Prome-
theus-Mythos übernommen haben, den er wenig später einer
»Bearbeitung« unterzieht.

61.33–62.2 **Wendungen ihrer Hälse [. . .] halb geöffneten Mund:** Die groteske Pantomime, die die Sirenen vollführen, besteht aus Gesten
der Rührung, die – übrigens schon bei Homer, aber auch bei
Kafka immer wieder – charakteristischerweise die Rezeption
von Musik und von Erzählungen begleitet. Nur dass hier die
Positionen vertauscht sind: Die »Sängerinnen« sind ergriffen
von der *Unrührbarkeit* ihres »Publikums«.

62.10 **Abglanz:** »Widerschein«; d. h., die Sirenen berauschen sich an
der Wirkung ihres eigenen Nichtgesangs. Zugleich ist der ver-
klärte Blick ein Todesmotiv.

62.21 **obigen:** Das der Kanzleisprache entlehnte Wort schließt an die
juristische Sphäre an, die mit dem Begriff des »Beweises« eröffnet wurde. Auch »Vorgang« hat eine spezifisch juristische Bedeutung, nämlich »in Akten niedergelegter Fall« – somit ist der
»Scheinvorgang« auch ein »Scheinprozess«.

»Die Sage versucht das Unerklärliche . . .«
(*Prometheus*)

Textgeschichte

Niederschrift in »Oktavheft G« am 16. oder 17. Januar 1918. In
der Erstveröffentlichung durch Brod und Schoeps unter dem
Titel *Prometheus* in *Beim Bau der Chinesischen Mauer* (vgl. *Jäger Gracchus*) wurde der erste Satz des Textes an den Schluss
gerückt.
Druckvorlage: *Nachgelassene Schriften und Fragmente II*,
S. 69 f.

Hinweise zur Deutung

Nach der antiken Überlieferung entwendet der aus dem Geschlecht der Titanen stammende Prometheus den Göttern das
Feuer und bringt es den Menschen; zur Strafe lässt Zeus ihn an
den Kaukasus schmieden, wo sich ein Adler täglich von seiner
stets nachwachsenden Leber nährt. Erst Herakles befreit ihn von
seinen Qualen, indem er den Adler tötet.
In der von ihm so genannten »ersten Sage« stellt Kafka in äu
ßerster Knappheit die Grundzüge dieses Mythos dar. Allerdings
wird die Art des Verrats an den Göttern nicht benannt; es ist
nicht von Zeus die Rede, sondern von »den Göttern«, auch nicht
von einem Adler, sondern von »Adlern«; die Rettung durch Herakles bleibt ausgespart. So nebensächlich diese Änderungen
scheinen mögen, so bedeutsam sind sie für die Fortsetzung des
Textes. Erstens erscheint Prometheus nicht mehr als Komplize
der Menschen gegen einen missgünstigen Götterhimmel, als der
er seit Aischylos immer wieder – etwa von Johann Gottfried
Herder (1744–1803) und Johann Wolfgang Goethe (1749–
1832) – gesehen wurde, sondern eben als Verräter – wie vor
Aischylos (525–456 v. Chr.) von Hesiod (≈700 v. Chr.). Zweitens verliert der Konflikt durch die Ersetzung von Zeus und *dem*
Adler durch anonyme Mächte den Charakter eines Zweikampfs, an dessen Ende die Befreiung durch Herakles stünde.
Stattdessen erfindet Kafka drei weitere »Varianten«, die tatsäch

lich aber die »erste Sage« so fortführen, dass eine Fortsetzung im Sinne der Tradition ausgeschlossen ist. Dabei verfolgt er die Strategie einer Antiklimax: Mit jeder »Sage« wird der Stoff weiter aus dem mythischen Bereich ins Banal-Alltägliche überführt; dadurch erhält dieses umgekehrt eine mythische Dimension. Die »erste Sage« erzählt, wie gesehen, den Mythos relativ getreu nach; die zweite scheint dem im Eingangssatz formulierten Programm, »das Unerklärliche zu erklären«, am nächsten zu kommen, indem sie einen »Grund« für das später »unerklärlich« genannte Gebirge angibt (als aitiologische Sage, die Auffälligkeiten in der Natur als Wirkungen der Handlungen von Göttern und Heroen »erklärt«); die dritte und vierte überführen das göttliche Handeln und seinen Motor, das Gegensatzpaar Leiden/Handeln, vollends in banale Prozesse der menschlichen Existenz: Vergessen und Ermüden.

Prometheus vertritt nach der Sage als Feuerbringer das Prinzip des Lichts, der Technik und damit der Wachheit, und er ist derjenige schlechthin, der nicht vergessen wird: Weder vergisst Zeus seinen Racheanspruch, noch ist er in der Geschichte des Mythos vergessen, sonst könnte Herakles ihn nicht retten wollen. Kafkas »Sage« endet im Unerklärlichen, weil sie das Unerzählbare erzählt: das prozesshafte Vergessen und das Ersterben jedes Handlungsimpulses in einer Müdigkeit, die in der Auslöschung des Mythos selbst mythische Dimensionen gewinnt.

Stellenkommentar

63.3–5 **Die Sage versucht [. . .] im Unerklärlichen enden.**: Max Brod stellt diesen Satz als Fazit an den Schluss und zerstört damit die Rahmenstruktur des Textes, die durch den Begriff des Unerklärlichen gebildet wird – ganz abgesehen davon, dass das offene Ende die Gedankenbewegung der Parabel äußerst wirkungsvoll über die Textgrenze hinausführt.

63.6 **Prometheus**: Die wörtliche Bedeutung des Namens lautet »Vor(be)denker« – was der Wendung, die Kafka dem Mythos gibt, deutlich entgegengesetzt ist.

63.6 **vier Sagen**: Auch in der antiken Überlieferung und noch mehr in der späteren Rezeption des Stoffes gibt es zahlreiche Varianten, von denen freilich keine auf Kafkas »vier Sagen« vorausweist.

vergessen: Dass Kafka nicht seinerseits die Fortsetzung der Ge- 63.15
schichte durch das Eingreifen des Herakles einfach »vergessen«
hat, zeigt eine Skizze, die wenige Monate vor dem *Prometheus*-
Text entstanden ist. Dort taucht Herakles als Landstreicher auf,
dem seine prominente Identität nicht abgenommen wird. Um
sich zu legitimieren, müsste er die Frage beantworten: »Woher
kommst du?«; dazu ist er jedoch nicht in der Lage. Das Fragment
endet stattdessen mit dem Wort »Stille« (N1 405). Kafka nimmt
das Vergessenwerden des Prometheus durch Herakles hier gewissermaßen vorweg.

blieb: Das Imperfekt macht diesen Satz, der auf den ersten Blick 63.19
die Erörterung vom Textanfang »über Sagen« wieder aufnimmt,
zu einem erzählenden Teil der »Sage« selbst, wobei offen bleibt,
ob mit »Sage« hier die ganze Folge der vorangegangenen »Sagen« gemeint sein muss oder jede einzelne für sich – oder ob
sogar, in nicht mehr zu steigernder Knappheit, eine fünfte Sage
erzählt wird, in der alle Handlungsträger eliminiert (»vergessen«) sind.

»Alles fügte sich ihm zum Bau ...«

Textgeschichte

Diese aphoristische Erzählung findet sich in »Oktavheft H«; sie
entstand wahrscheinlich März oder April 1918. Obwohl sie in
der paradoxen Zuspitzung ihrer Pointe von großer Geschlossen-
heit ist und obwohl in ihr viele Themen Kafka brennpunktartig
zusammenlaufen, gehört sie zu seinen weniger bekannten Texten. Das liegt wohl daran, dass Brod dieses Stück nicht als eigen-
ständige Erzählung ediert hat, sondern ohne Titel im Rahmen
des fragmentarischeren Teils von Kafkas Werk – zuerst 1937 in
Prag bei Heinrich Mercy Sohn in Band 6 der *Gesammelten
Schriften* (*Tagebücher und Briefe*) unter der Rubrik »Meditati-
onen«, S. 237, dann in *Hochzeitsvorbereitungen auf dem Lande*, Frankfurt 1953, S. 127. Hinzu kommt, dass in den späteren
Auflagen der *Hochzeitsvorbereitungen* die Einheit des Textes
typographisch zerstört wurde, indem man das folgende Frag-

ment, das – wie im Manuskript übrigens auch – in der Erstausgabe der »Hochzeitsvorbereitungen« die nächste Seite eröffnet, ohne Leerzeile angehängt hat.

Druckvorlage: *Nachgelassene Schriften und Fragmente II*, S. 107 f.

Hinweise zur Deutung

»Bauen« ist einer der Basisbegriffe in Kafkas Werk. Im allgemeinen Sprachgebrauch steht er für konstruktives, in seinen Wirkungen bis weit in die Zukunft hineinreichendes Handeln schlechthin. Dies scheint auch bei Kafka so zu sein: In der Erzählung vom *Bau der Chinesischen Mauer* etwa, aus der die *Kaiserliche Botschaft* ausgekoppelt ist, oder in der späten Erzählung *Der Bau*, in der ein Tier sein Leben ganz der stetigen Verbesserung seines »Baus« widmet. Doch statt die Zukunft zu sichern, was ihr Zweck wäre, wachsen sich diese Bauwerke zu bedrohlichen, die Gegenwart schließlich verschlingenden Labyrinthen aus. Dieser Grundgedanke – es ist jener einer »aufbauenden Zerstörung der Welt«, von der in einem weiteren Er-Fragment kurz vor dem Tempelbau-Aphorismus die Rede ist (N2 105) – wird in unserem kurzen Stück auf engstem Raum durchgespielt. Die *unmittelbare*, d. h. nicht durch »Instrumente« vermittelte und damit »wahre Tempelart« beweisende »Fügung« des Baus, die sich unter den dirigierenden Händen des Baumeisters gleichsam als eine Musik vollzieht, wird durch »kindische Mittel«, die sich unter der Hand wie diejenigen des Odysseus aus dem Sirenentext in »großartig scharfe Instrumente« verwandeln, in ihr genaues Gegenteil verkehrt (und auch hier wird, wenn man das Dirigieren des Baumeisters als solches ernst nimmt, die »Musik der Welt« zum Verstummen gebracht). Das »Schreiben als Form des Gebets« (N2 354; 1920) wäre eines, das, wie es Kafka am 25. September 1917 als sein Programm formuliert, »die Welt ins Reine, Wahre, Unveränderliche« erhebt (T 838) – es wäre dies ein Schreiben, das den Antagonismus zwischen Schrift und Musik, die Differenz zwischen Zeichen und Sinn aufhöbe, und der Text, der so entstünde, wäre ein Tempel, erbaut nach wahrer Tempelart. Die Unmöglichkeit, ja Irrationalität dieses Vorhabens ist es aber gerade, die den Text »rettet«, und zwar in der Paradoxie. Denn der Tempel wird ja nicht nur einfach zerstört, sondern durch sein Gegenteil, die absolute Sinnlosigkeit der »Eintragungen«, noch *überdauert*, und das, obwohl der Marmor die materielle Grundlage für die Beschriftung liefert. In dieser Paradoxie liegt die Großartigkeit der Schärfe der Instrumente, man kann auch sagen: in ihrer reinen Mittelbarkeit oder Instrumentalität, die sie mit der reinen Sinnhaftigkeit des Tempels als absolut unvereinbar erscheinen lassen.

Stellenkommentar

fügte sich: Die reflexive Satzkonstruktion läuft dem transitiven Vorgang des Bauens zuwider. »Er«, der nur im Dativ (»ihm«) und in einem Possessivpronomen (»seiner« Finger) präsent ist, legt nicht wirklich Hand an (»handelt«), sondern bewegt lediglich die »Finger« – was nicht zufällig an die Arbeit eines Dirigenten wie auch eines Schriftstellers denken lässt. Der Tempel wird dementsprechend nicht gebaut, sondern er »entsteht«. 64.2

Bau [. . .] Tempel: Charakteristisch für Kafkas Bildtechnik: Unter der Hand verwandelt sich der »Bau« in einen »Tempel«. 64.5–6

Bruche: Ein Schwerpunkt von Kafkas Arbeit in der Arbeiter-Unfall-Versicherungs-Anstalt war die gefahrenmäßige »Einreihung« von Steinbruchbetrieben; sein Jahresbericht für 1914 enthält einen umfangreichen Abschnitt zur »Unfallverhütung in den Steinbruchbetrieben« (abgedruckt in A 243–267). 64.8

unbeholfenes Gekritzel sinnloser Kinderhände: Durch die Vertauschung der Attribute (eigentlich wäre zu erwarten: »sinnloses Gekritzel unbeholfener Kinderhände«) wird das »Gleiten« des Paradoxes (zum Begriff des »gleitenden Paradoxes« vgl. den Aufsatz von G. Neumann) in Gang gesetzt: Statt »unbeholfen« zu sein, steht den Schreibern der Behelf »großartig scharfer Instrumente« zur Verfügung, die Sinnlosigkeit des Gekritzels wird über die Stufen »Ärger« und »Schändung« zu einem die reine Sinnhaftigkeit des Tempels zerstörenden Anti-Sinn. Als »Kindergekritzel« (der Begriff taucht so auch in den Varianten zum *Tempelbau*-Fragment auf) bezeichnet Kafka die Texte, die er Oskar Pollak zu lesen gibt (Brod, *Über Franz Kafka*, 64.8–9

S. 58). »Gekritzel« greift aber auch lautmalerisch den Vorgang des Kratzens und Ritzens auf; auch dies ein Gegensatz zu der idealen – lautlosen – Musik des Tempels. Vgl. auch die von Schlittschuhen zerkratzte Eisfläche des Himmels im Paralipomenon zum *Kübelreiter* (Kommentar zu 45,26).

64.10 **Eintragungen**: Dieser bürokratische Begriff zerstört die mythisch-religiöse Atmosphäre des Textes gewissermaßen mit »großartiger Schärfe«.

»›Ach‹, sagte die Maus . . .«
(*Kleine Fabel*)

Textgeschichte

Die Geschichte findet sich in zwei direkt hintereinander niedergeschriebenen Fassungen im hinteren Teil eines Zettelkonvoluts, das von August bis Ende 1920 entstand; inhaltliche Indizien lassen Ende Oktober als Zeitraum der Niederschrift annehmen. Brod und Schoeps veröffentlichten die zweite Fassung unter dem Titel *Kleine Fabel* in *Beim Bau der Chinesischen Mauer* (vgl. *Jäger Gracchus*). Hier werden, um den Vergleich zu ermöglichen, beide Fassungen hintereinander wiedergegeben.
Druckvorlage: *Nachgelassene Schriften und Fragmente II*, S. 343.

Hinweise zur Deutung

Im Gegensatz zu den großen Tiererzählungen Kafkas handeln in diesem kurzen Text nicht einzelne Vertreter einer bestimmten Tiergattung, sondern es ist von *der* Maus und *der* Katze die Rede, die, mit erwartbaren Eigenschaften ausgestattet, in einem exemplarischen Konflikt aufeinander treffen. Insofern ist die Gattungsbezeichnung, die Brod in den Titel gerückt hat, korrekt. Freilich ist die Art, in der sich Kafka auf die Form der Fabel bezieht, höchst eigenwillig.
Prägend für unseren Begriff der Fabel ist die so genannte *äsopische Fabel*, benannt nach Aisopos, der im 6. Jahrhundert v. Chr.

als phrygischer Sklave in Griechenland gelebt haben soll. Sie zeichnet sich aus durch ihre knappe, geschlossene Form und die »Moral«, die sich aus ihrer Handlung ergibt. Ihr Anliegen, das »Angenehme mit dem Nützlichen« zu verbinden« (*prodesse et delectare*, nach Vers 333 f. der *Dichtkunst* von Horaz), weist sie als Lehrdichtung aus, und das ist auch der Grund, warum sie im Zeitalter der Aufklärung noch einmal eine Blüte erlebt; Gotthold Ephraim Lessing (1729–1781) schuf mit seinen *Fabeln*, die er 1759 zusammen mit fünf »Abhandlungen mit dieser Dichtungsart verwandten Inhalts« publizierte, mehr oder weniger den Schlussakkord.

Obwohl nun Kafka die alte Form bedient, passt sich diese »Fabel« auf fast exemplarische Weise in sein Werk ein. Woher kommt das? Zunächst sicher durch die Themen, die anklingen: die Weltangst der Maus, die allein sie bereits von einer bloßen Fabel-Maus unterschiede; die Ausweglosigkeit der Situation; der sarkastische »Rat« der Katze, der vielleicht von Nutzen gewesen wäre, als die Welt noch »breit« war. Weitere Hinweise gibt die Bearbeitungstendenz der zweiten Fassung: Erst diese kennt das perspektivische Moment der auf einander zu »eilenden« Mauern, wodurch das »mir bestimmte« zum »letzten« Zimmer wird und die »Ecke«, in der die Falle steht, zum »Winkel«; eine Existenz vor dem Laufen gerät überhaupt nicht mehr in den Blick, so dass Maus sein heißt: auf der Flucht sein, sei's vor der Welt oder der Katze oder der Katze als Repräsentantin der Welt; insgesamt kann man sagen, dass die zweite Fassung nicht nur straffer und damit wirkungsvoller, sondern auch fatalistischer ist. Schließlich ist der Begriff des »Zimmers« – der zunächst so gar nicht zu dem der »Welt« zu passen scheint – gewissermaßen das Grundelement der Kafka'schen Alptraumarchitekturen mit ihren Korridoren und Zimmerfluchten, mit ihren Treppen und Türschwellen. Gleichzeitig sind die Zimmer, in denen Kafkas Geschichten spielen, aber auch die nach außen geklappte Bühne seines »traumhaften innern Lebens«, als dessen »Darstellung« er sein Schreiben am 6. August 1914 bezeichnet (T 546). Und Anfang 1917 notiert Kafka: »Jeder Mensch trägt ein Zimmer in sich« (N1 310). Dann wäre die Lebensreise der Maus auch eine tödliche Exkursion ins eigene Ich.

65.11 **enger**: Die Grundsituation des Textes ist in Märchen 97 der
Brüder Grimm, *Das Wasser des Lebens*, vorgeprägt: »Der Prinz
kam auf seinem Weg in eine Bergschlucht, und je weiter er ritt, je
enger taten sich die Berge zusammen, und endlich ward der Weg
so eng, daß er keinen Schritt weiter konnte, und auch das Pferd
konnte er nicht wenden, und selber nicht absteigen, und mußte
da eingesperrt bleiben.« Grimm, Jacob und Wilhelm: *Kinder-
und Hausmärchen*. Gesammelt durch die Brüder Grimm
[1812/14]. Vollständige Ausgabe auf der Grundlage der dritten
Auflage (1837). Hg. von Heinz Rölleke, Frankfurt/M. 1985,
S. 427.

65.16 **Falle**: Sonderbarerweise benötigt diese Falle, ob es sich nun um
eine sofort tödliche Schlag- oder um eine Käfigfalle handelt, keine Lockspeise, sondern die Weltangst – oder die Katze – treibt
die Maus auch ohne eine solche in sie hinein.

»Ein Philosoph trieb sich immer dort herum . . .«
(*Der Kreisel*)

Textgeschichte

Es handelt sich hier um den letzten Text des Zettelkonvoluts aus
der zweiten Jahreshälfte 1920 (vgl. *Kleine Fabel*). Da Kafka am
18. Dezember nach Matliary in der Hohen Tatra aufbrach, ist
Mitte Dezember als Entstehungstermin wahrscheinlich. Brod
veröffentlichte den Text erstmals in Band 5 der »Gesammelten
Schriften«: *Beschreibung eines Kampfes. Novellen, Skizzen,
Aphorismen aus dem Nachlaß*, Prag: Verlag Heinrich Mercy
Sohn 1936.
Druckvorlage: *Nachgelassene Schriften und Fragmente II*,
S. 361 f.

Hinweise zur Deutung

Eine Geschichte ist es eigentlich nicht, was hier erzählt wird: Geschichten entwerfen einen einzelnen »Fall«, hier aber wird berichtet, was »immer« geschieht – und das gleich zweimal hintereinander, wenn man von dem etwa gleich langen Mittelstück (von »Er glaubte nämlich« bis »dem sich drehenden Kreisel«) absieht. Diese Anlage des Textes erinnert an *Auf der Galerie*, wo ebenfalls zweimal derselbe Vorgang aus unterschiedlicher Sichtweise geschildert wird, ohne dass diesem der Status des Faktischen zukäme. Hier wie dort stellt sich die Einheit des Textes nicht über eine erzählte Handlung her, sondern im Aufeinanderprallen der beiden gegensätzlichen Beschreibungen.

Das Programm des Philosophen ist, vom Standpunkt der klassischen Physik aus betrachtet, deswegen zum Scheitern verurteilt, weil ihn gerade die »Ökonomie« seiner Herangehensweise übersehen lässt, dass er, indem er in das Spiel der Kinder eingreift, selbst Teil des Systems wird, das er begreifen will. Es geht ihm wie den Physikern, denen es nach Werner Heisenbergs (1901–1976) Unbestimmtheitstheorem von 1927 (der so genannten »Unschärferelation«) nicht gelingen kann, gleichzeitig Impuls (»Drehung«) und stationären Zustand (»dummes Holzstück«) von kleinsten Teilchen wie Atomen oder Elektronen zu bestimmen, weil der Messvorgang (das »Fangen« des Kreisels) die Einheit aus beidem zerstört.

Diese äußere Problematik spiegelt jedoch einen verdrängten inneren Konflikt. Nicht ohne Grund nämlich scheint sich der Philosoph ausgerechnet ein »Spielzeug« für seine Forschungen auserkoren zu haben. So »lauert« er zwar den Kindern im Hinblick auf ein mögliches Kreiselspiel auf, verliert sie dann aber völlig aus Augen und Ohren, bis sie dann, nach dem Fehlschlagen des Experiments, plötzlich überpräsent sind und zu der Peitsche werden, die den Philosophen selbst zu einem Kreisel werden lässt – einem Kreisel allerdings, der nicht präzise rotiert, sondern »taumelt«. Die Ausblendung der Kinder aus seinem Wahrnehmungsbereich katapultiert diesen Weisen in einen Zwischenzustand, wo weder die Rede vom »Spielzeug« noch die vom »dummen Holzstück« gilt. Die »großen Probleme« wären hier tatsächlich gelöst, aber die Lösung ist das Problem.

66.5 **Kreisel:** Gemeint ist ein kegelförmig zugeschnittenes Holz-
stück, das, durch geschicktes Hantieren mit einer Peitsche in
Rotation versetzt, auf der eingesetzten Stahlspitze tanzt
(»Dopsch«).

66.11–12 **also z. B. auch:** So zufällig, wie Kafka die Wahl des Kreisels
darstellt, ist sie keineswegs. Das Problem, das dem »Experiment« des Philosophen zugrunde liegt, geht nämlich auf den
griech. Philosophen Zenon von Elea (≈490–≈430 v. Chr.) zurück, der die Möglichkeit von Bewegung überhaupt leugnete,
um die Einheit des Seins zu beweisen. So soll er behauptet haben,
dass »der fliegende Pfeil ruht«. Die Intention dieses Satzes verkehrt Kafka im Dezember 1910 ins Gegenteil, indem er ihn als
Antwort auf eine Frage darstellt: »Zeno sagte auf eine dringliche
Frage hin, ob denn nichts ruhe: Ja der fliegende Pfeil ruht« (T
132).

66.24 **taumelte:** Vor dem Hintergrund des Schlusses bekommt auch
der Anfang des Textes eine hintergründige Bedeutung, da der
Kreisel mit der Peitsche *getrieben* wird. – Detlef Krämer (*Die
Erotik des Schreibens*, S. 69) sieht in dem taumelnden Philoso-
phen eine Anspielung auf die Figur des »Zweiflers« in der jüd.
Mystik und zitiert Søren Kierkegaards (1813–1855) *Entweder-
Oder*. Dort heißt es: »Der Zweifler ist ein *Memastigomenos*
[Gepeitschter]; wie ein Kreisel hält er sich je nach den Peitschen-
schlägen für kürzere oder längere Zeit auf der Spitze, zu stehen
vermag er nicht, ebensowenig wie der Kreisel« (Sören Kierke-
gaard, *Entweder-Oder*, hg. von Hermann Diem und Walter
Rest, München 1975, S. 33 f.). Kafka las das Buch Anfang 1918.
Der unsichere Stand, die »Seekrankheit auf festem Lande« (*Be-
schreibung eines Kampfes*, N1 89 und 157), das Schaukeln (in
Kinder auf der Landstraße), ja der völlige Verlust des Boden-
kontakts (*Kübelreiter*) sind jedoch Motive, die längst vor seiner
Beschäftigung mit Kierkegaard Kafkas Werk durchziehen.

Ein Hungerkünstler

Nach einer Notiz im Tagebuch ist diese auch handschriftlich überlieferte Erzählung am 23. Mai 1922 vollendet worden oder sogar ganz entstanden. Der Erstdruck erfolgte in *Die neue Rundschau*, Oktoberheft 1922. Weitere Drucke zu Lebzeiten: *Prager Presse* vom 11. Oktober 1922, Morgen-Ausgabe; *Sonntagsblatt* der *New Yorker Volkszeitung* vom 5. November 1922; *Vorwärts. Wochenblatt der New Yorker Volkszeitung* vom 11. November 1922 und *Vorbote. Unabhängiges Organ für die Interessen des Proletariats* vom 15. November 1922. Titelerzählung in: *Ein Hungerkünstler. Vier Geschichten.* Berlin: Verlag Die Schmiede. Kafka erlebte das Erscheinen dieses Buches im August des Jahres 1924 nicht mehr.
Druckvorlage: *Drucke zu Lebzeiten*, S. 333–349.

Hinweise zur Deutung

Die außerordentliche Wertschätzung, die Kafka diesem Text entgegenbrachte, spiegelt sich darin, dass er ihn als einzigen damals noch nicht in Buchform publizierten in seinem zweiten, ausführlicheren »Testament« von dem Vernichtungsauftrag an Max Brod ausschloss, sowie in der Anzahl der von Kafka veranstalteten (oder zugelassenen) Einzeldrucke.
Kafka macht in dieser Erzählung ein Motiv, das in vielen seiner Texte eine wichtige Rolle spielt, zum Thema: das Hungern. Doch während in den meisten Texten Appetitlosigkeit und Übelkeit Symptome der Schwäche sind (vgl. etwa den Schluss des *Kreisel*-Textes), ist hier das Hungern die Stärke des Protagonisten. Schließlich hatte Kafka selbst einige Erfahrung in dieser Profession; schon in einem seiner frühen Briefe an Felice Bauer – man sieht sich noch, wagt aber als Anrede zum ersten Mal den Superlativ »Liebstes Fräulein Felice« – geht er in die Offensive und weist auf seine neurotischen, hoch ritualisierten Essgewohnheiten hin, die den Verzicht auf Fleisch, Kaffee, Tee, Alkohol ebenso umfassten wie eine besonders gründliche Kautech-

nik (das nach seinem Promoter Horace Fletcher [1849–1919] so genannte »Fletschern«): »Meine Lebensweise, durch die ich allerdings meinen Magen geheilt habe, käme Ihnen närrisch und unerträglich vor. Monatelang mußte mein Vater während meines Nachtessens die Zeitung vors Gesicht halten, ehe er sich daran gewöhnte« (B1 217, 7.11.1912). Und schon Anfang des Jahres hatte er im Tagebuch eine Verbindungslinie zwischen dem Schreiben und dem Hungern gezogen: »Als es in meinem Organismus klar geworden war, daß das Schreiben die ergiebigste Richtung meines Wesens sei, drängte sich alles hin und ließ alle Fähigkeiten leer stehn, die sich auf die Freude des Geschlechts, des Essens, des Trinkens, des philosophischen Nachdenkens der Musik zu allererst richteten. Ich magerte nach allen diesen Richtungen ab. Das war notwendig, weil meine Kräfte in ihrer Gesamtheit so gering waren, daß sie nur gesammelt dem Zweck des Schreibens halbwegs dienen konnten« (T 341). So gesehen ist die »Hungerkunst«, die als »Abmagern nach allen diesen Richtungen« alle Bereiche der Askese umfasst, nur die andere Seite der Schreibkunst.

Hinzu kommt, dass Kafka den gesamten Bereich der Vitalität mit ihren Hauptpfeilern Nahrungsaufnahme und Sexualität (der Hungerkünstler ist ja auch sexuell ein Enthaltsamkeitskünstler) mit dem Vater assoziiert. Im *Brief an den Vater* führt Kafka aus, dass die väterliche Erziehung hauptsächlich während der gemeinsamen Mahlzeiten stattfand und daher »zum großen Teil Unterricht im richtigen Benehmen bei Tisch« war. Die Tatsache, dass sich der Vater an seine »Gebote« offenbar nicht gebunden fühlte, empfindet das Kind als »niederdrückend«: »Ich war immerfort in Schande, entweder befolgte ich Deine Befehle, das war Schande, denn sie galten ja nur für mich; oder ich war trotzig, das war auch Schande, denn wie durfte ich Dir gegenüber trotzig sein, oder ich konnte nicht folgen, weil ich z. B. nicht Deine Kraft, nicht Deinen Appetit, nicht Deine Geschicklichkeit hatte, trotzdem Du es als etwas Selbstverständliches von mir verlangtest; das war allerdings die größte Schande« (N2 155–157). Man darf annehmen, dass Kafka seine »Hungerkunst« – mit der komplementären Seite des Schreibens – auch als Strategie der »Rettung« aus dieser klassischen Double-Bind-Situation betrieben hat (vgl. hierzu die »Hinweise zur Deutung« zum *Urteil*).

In den letzten [. . .] sehr zurückgegangen.: Dass Kafka hier auf   67.2–3
eine reale Entwicklung rekurriert, wird durch die Quellenre-
cherchen von Binder (*Schaffensprozeß*, S. 274) und Bauer-
Wabnegg (*Monster und Maschinen*, S. 372–379) nachgewiesen:
Das Schauhungern kam durch ein medizinisches Experiment,
das, wie die Hungerperiode des Hungerkünstlers 40 Tage dau-
erte, in Mode, bis es in den 1920er-Jahren, sicher auch infolge
der realen Hungerkatastrophe in Russland, die zur Abfassungszeit des *Hungerkünstlers* die Schlagzeilen beherrschte, an At-
traktivität verlor. Wahrscheinlich spendeten Kafka und seine
Schwester Ottla sogar für eine vom *Prager Tagblatt* ausgerufene
Aktion »Hilfe für das hungernde Rußland«.

Fleischhauer: Dass sein Großvater väterlicherseits ein solcher   67.32
war, nennt Kafka Milena Jesenská gegenüber einmal ironisch als
Grund für seinen Vegetarismus – »ich muß soviel Fleisch nicht
essen, als er geschlachtet hat« (M 79, 25.6.1920).

vierzig Tage: Die Zahl 40 hat mythischen Charakter; sowohl im   70.4–5
Alten wie im Neuen Testament steht sie für lange Zeiträume: Die
Sintflut steigt 40 Tage, Moses harrt 40 Tage am Berg Sinai aus,
die Israeliten wandern 40 Jahre durch die Wüste, und von Jesus
heißt es in Matthäus 4,1 f. gar: »Da ward Jesus vom Geist in die
Wüste geführt, auf daß er von dem Teufel versucht würde. Und
da er vierzig Tage und vierzig Nächte gefastet hatte, hungerte
ihn.«

wie ein Tier [. . .] zu rütteln begann: Dieser Ausbruch erinnert   72.28–29
an die eine Stelle im *Bericht*, wo der Affe aus seiner Rolle fällt
und in einer einmaligen verbalen Attacke förmlich wieder zum
Tier wird (vgl. »Letzthin las ich« [52,3] bis »frevelhaften Schuß«
[52,15]). Beide Figuren erweisen sich in dieser Situation als
fremdbestimmt: Der Affe erweckt durch seine Entblößung genau das Medieninteresse, das zu seiner Vermarktung nötig ist,
und der geschäftstüchtige Agent des Hungerkünstlers verdient
sich mit den Fotos, die er für diesen Fall dabeihat, gern etwas
dazu.

kann jeden [. . .] Zeit gebrauchen: Ähnlich schon das Anwer-   74.17–18
beplakat für das »Teater von Oklahoma« im *Verschollenen*:

»[. . .] Wer Künstler werden will melde sich! Wir sind das Teater, das jeden brauchen kann, jeden an seinem Ort! [. . .]« (V 387).

78.10 **weil ich die Speise nicht finden konnte**: Das verbindet den Hungerkünstler mit Gregor Samsa, der ja ebenfalls verhungert, weil ihm der »Weg zu der ersehnten unbekannten Nahrung« (D 185) versperrt ist.

78.16 **Nun macht aber Ordnung!**: In der *Verwandlung* besorgt das die Bedienerin: »Ja [. . .] also darüber, wie das Zeug von nebenan weggeschafft werden soll, müssen Sie sich keine Sorge machen. Es ist schon in Ordnung« (D 198).

»Viele beklagten sich . . .«
(*Von den Gleichnissen*)

Textgeschichte

Das Manuskript zu dieser Erzählung lässt sich auf den Herbst 1922 datieren. Brod und Schoeps haben den Text in *Beim Bau der Chinesischen Mauer* (vgl. *Jäger Gracchus*) unter dem Titel *Von den Gleichnissen* zum ersten Mal publiziert.
Druckvorlage: *Nachgelassene Schriften und Fragmente II*, S. 531 f.

Hinweise zur Deutung

Mit diesem Text treibt Kafka seine Parabel-Technik auf die Spitze. Er schreibt eine Parabel über Parabeln, ein Gleichnis über Gleichnisse. Und wie es sich für ein Gleichnis gehört, wird ein Beispiel erzählt, das den Anspruch erheben können sollte, andere, analog zu begreifende Situationen im »täglichen Leben« auf ihre Struktur hin durchsichtig zu machen und so eine Handhabe zu ihrer Bewältigung zu geben. Diese praktische Funktion wird Gleichnissen in Kafkas Text jedoch abgesprochen: Es seien *nur* Gleichnisse, die die Weisen erzählen; im »täglichen Leben« seien sie unverwendbar. Und dann kommt das Beispiel für solch ein Gleichnis, das aber weder ein Beispiel ist, insofern es für alle Gleichnisse gilt, noch von seiner Form her ein Gleichnis ist, da es, im Imperativ gesprochen, eine konkrete Handlungsanweisung enthält, die sich erst durch die Auslegung des Gleichnisses ergeben sollte. »Gehe hinüber«: Dies ist der hermeneutische Imperativ der Metapher. »Über-trage mich«, sagt das griechische Wort, das aus dem Lateinischen metaphysische Verstärkung erhält: »Tran[s]-szendent« ist das, was die Sinne über-steigt – und damit Gegenstand der Weisen ist oder derer, die die Weisheit lieben, der Philosophen. Typisch für Kafka ist nun, dass das allgemeine Reden über Gleichnisse plötzlich in eine konkrete Situation gestellt und mit den Mitteln der Erzählung, in diesem Fall dem narrativen Dialog, weitergeführt und schließlich auf sich selbst zurückgeführt wird (ein anderes Beispiel für diese Technik in diesem Band ist *Auf der Galerie*). Als handelte es sich bei der allgemeinen »Klage« der »Vielen« um eine An-Rede, antwortet »einer«, von dem nicht klar ist, ob er selbst ein »Weiser« ist oder nur die Partei der Weisen ergreift, »darauf«. Doch was heißt »den Gleichnissen folgen«? Ist das nicht genau das, was die »Vielen« von der Gleichnisrede der Weisen gefordert hatten, dass diese »befolgbare« Handlungsmodelle zur Verfügung stellen? Oder ist »folgen« hier im ursprünglichen Wortsinn von »hinterhergehen« gemeint – so wie »vor dem Gesetz« einen bestimmten Ort meint, hinter dem das Gesetz als ein »Drüben« beginnt? Dafür spricht die rätselhafte Fortsetzung des Satzes, denn wie will man »zum Gleichnis werden«, wenn nicht in einem »sagenhaften Drüben«, in das sich, mehr oder minder glücklich, auch der Jäger Gracchus, der Landarzt und der Odysseus des Sirenentextes »gerettet« haben? Der »Andere«, offenbar einer der »Vielen«, vermag dem nicht zu folgen, sagt dies aber nicht geradeheraus, sondern kleidet sein Unverständnis in eine Redewendung, die im Gegenzug von dem »Einen« wörtlich genommen wird: Das »Ich wette« wäre in einer alltäglichen Gesprächssituation ja kaum als eine echte Herausforderung zu verstehen, die korrekte Antwort müsste also lauten: »Du hast recht.« Indem der erste also sagt »du hast gewonnen«, »folgt« er gewissermaßen dem Gleichnis der Wette und bringt den anderen dazu, das Spiel – oder den Kampf weiterzutreiben. Da er unterstellt, dass das Gespräch auf Gleichnisebene stattgefunden hat, ist ihm der »Sieg« – die gewonnene Wette – nichts wert. Jetzt kommt aber der letzte Dreh, den wir wiederum vom *Sirenen*-Text her kennen und der »mit Menschenverstand nicht mehr zu begreifen« ist: Der erste spricht dem anderen den Sieg auf der Ebene der Wirklichkeit, der ihm so wichtig schien, zu, sich selbst aber den Sieg im Gleichnis, und zwar so, dass der Text wie ein Urteil mit dem »verloren« endet.

Josefine, die Sängerin oder Das Volk der Mäuse

Textgeschichte

Diese Erzählung entstand während Kafkas letzter Prager Zeit zwischen dem 18. März und dem 5. April 1924; das Manuskript ist erhalten. Erstdruck unter dem Titel »Josefine, die Sängerin« in *Prager Presse* vom 20. April 1924, Morgen-Ausgabe. Wie in allen drei Sammlungen, die Kafka zusammengestellt hat, schließt auch im *Hungerkünstler*-Band (vgl. *Ein Hungerkünstler*) die längste Erzählung, *Josefine*, den Zyklus ab.
Druckvorlage: *Drucke zu Lebzeiten*, S. 350–377.

Hinweise zur Deutung

In dieser letzten Erzählung Kafkas steht noch einmal die künstlerische Existenz mit ihren Widersprüchen im Zentrum: Künstlertum und gesellschaftliche Verantwortung, verlorene Kindheit, Gemeinschaft und Isolation, Arbeitswelt und künstlerische Askese, ästhetische Wirkung und Nachleben des Künstlers in der Rezeption seines Werkes. Kafka hat sie angesichts seiner schwindenden Kräfte als ergreifendes Fazit seines Lebens, aber auch, um aus eigener Kraft durch den Vorabdruck in der *Prager Presse* einen finanziellen Beitrag zu seiner medizinischen Versorgung zu leisten, niedergeschrieben. Selbst in dieser Situation gelingt es ihm, eine ironische Distanz zu seinem Erzählgegenstand zu halten und seiner Josefine durchaus auch komische Züge zu verleihen.
Wenn man es nicht aus der Überschrift wüsste – deren zweiten Teil »oder Das Volk der Mäuse« Kafka wohl aus diesem Grund

der Buchfassung beigegeben hat –, wäre es für den Leser kaum ersichtlich, dass es sich bei dem beschriebenen Volk um das der »Mäuse« handelt. An der einzigen Stelle, wo der Wortstamm »Maus« verwendet wird, steht er gerade nicht für die »charakteristische Lebensäußerung« (81,19) jenes »Volkes«, nämlich das Pfeifen, sondern bezeichnet den Ausnahmezustand, der während Josefines Gesangsvorstellungen herrscht: Dann, und nur dann, verhalten sich die Mäuse nämlich so, wie der allgemeine Sprachgebrauch es will: »mäuschenstill« (83,17).

Um diesen Widerspruch zu verstehen, muss man sich vor Augen führen, dass es ja eine Maus ist, die diese Geschichte erzählt. Und da es explizit heißt, dass »Pfeifen [. . .] die Sprache unseres Volkes« (92,25–26) ist, muss man sie sich im Modus des Pfeifens – oder dem, was in der Geschichte so genannt wird, vorgetragen vorstellen. Und welche Sprache wäre dies, wenn nicht das Schreiben, da wir diese Geschichte ja, schweigend wie Josefines Publikum, *lesen*?

Ein weiteres Moment kommt hinzu. Die Geschichte erzählt, wenn man den Tempusgebrauch genau beobachtet, nicht vom »Verschwinden« Josefines, sondern *das Verschwinden Josefines vollzieht sich in ihr*: Wird anfangs konsequent im Präsens erzählt und ist Josefines »Hingang« eindeutig ein Ereignis, das in der Zukunft liegen soll (80,21), und ist noch kurz vor Schluss die Rede davon, dass Josefine »neulich« behauptet habe, wegen einer Fußverletzung ihre Gesänge »kürzen« zu müssen (98,7), heißt es bald darauf, sie habe »uns diesmal völlig verlassen«. Wie kann dann aber noch einmal behauptet werden, dass die Zeit kommen wird, »wo ihr letzter Pfiff ertönt und verstummt«? Ist es gar Josefine selbst, die das Ende ihres letzten Gesangs, ihrer letzten *Erzählung* verkündet? Dafür spricht, dass an keiner Stelle direkt von ihrem Tod die Rede ist: Sie »entzieht«, »verliert sich«, »verschwindet«; die Art ihrer Abwesenheit ist eine »gesteigerte Erlösung«: Das stellt sie in eine Reihe mit dem Jäger Gracchus, dem Landarzt, v. a. aber mit dem Odysseus des *Sirenen*-Textes: Sie ist es, die ihr eigenes Vergessenwerden erzählt.

In einem Brief an Milena Jesenská von Juli 1920 äußert sich Kafka zu Franz Grillparzers (1791–1872) Novelle *Der arme Spielmann* (1848), einem der Lieblingstexte Kafkas, nachdem sie ihn, offenbar auf seine Empfehlung hin, unter Tränen gelesen hat. Die Lebensgeschichte Jakobs, eines lebensuntüchtigen, um sein Erbe betrogenen Beamtensohnes, der allein seiner unerfüllten Liebe und der Musik lebt, die er, trotz höchster künstlerischer Ansprüche, nur auf höchst unzureichende, ja entstellende Weise auszuüben weiß, liefert in Kafkas Interpretation so etwas wie das Programm seiner letzten Erzählung: »[...] besonders diese Art Musikausübung ist doch eine kläglich lächerliche Erfindung, geeignet das Mädchen aufzureizen alles was sie im Laden hat im höchsten Zorn, an dem die ganze Welt teilnehmen wird, ich v. a., der Geschichte nachzuwerfen, bis so die Geschichte, die nichts besseres verdient, an ihren eigenen Elementen zugrundegeht. Allerdings gibt es kein schöneres Schicksal für eine Geschichte als zu verschwinden und auf diese Weise. Auch der Erzähler, dieser komische Psychologe wird damit sehr einverstanden sein, denn wahrscheinlich ist er der eigentliche arme Spielmann, der diese Geschichte auf möglichst unmusikalische Weise vormusiciert, übertrieben herrlich bedankt durch die Tränen aus Deinen Augen« (M 108 f.).

Die Struktur, die Kafka seiner *Josefine* geben wird, unterlegt er hier bereits der Erzählung Grillparzers: die »besondere Art der Musikausübung«, die durch den Erzähler selbst praktiziert wird; das »Verschwinden« der Geschichte, das als ein – hier unverschlüsselt als »schön« bezeichnetes – Schicksal beschrieben wird; die Tatsache, dass sich der Erzähler derselben »unmusikalischen Weise« bedient wie sein Protagonist, so dass die Geschichte »an ihren eigenen Elementen zugrundegeht« – oder, mit der Formulierung aus *Josefine*, »die Tatsache, daß wir ihr zuhören, ein Beweis gegen ihren Gesang« (89,17–18) ist.

Stellenkommentar

80.1–3 **Josefine [...] Mäuse**: Auf einem der »Gesprächsblätter«, die Kafka in seinen letzten Wochen zur Verständigung benutzen musste, heißt es: »Die Geschichte bekommt einen neuen Titel. ›Josefine, die Sängerin – oder – Das Volk der Mäuse‹. Solche Oder-Titel sind zwar nicht sehr hübsch, aber hier hat es vielleicht besonderen Sinn. Es hat etwas von einer Waage« (Brod, *Über Franz Kafka*, S. 179 f.).

Macht des Gesanges: Vgl. unten »Waffe des Gesanges« (97,11). 80.5
Man darf sich hier an die Sirenen erinnert fühlen, die Ihren
»Gesang« ebenfalls als »Waffe« einsetzen (61,18–19). – »Gesänge« im engeren Sinn sind zudem auch die einzelnen Abschnitte
eines epischen Gedichts, insbesondere der Epen Homers.

Musik nicht liebt: Vgl. weiter unten »Unmusikalität«. In seinen 80.7
Tagebüchern und Briefen kokettiert Kafka immer wieder mit
seinem »Unmusikalisch-Sein«. An Milena Jesenská schreibt er
am 14.6.1920: »weißt Du eigentlich daß ich vollständig, in einer
meiner Erfahrung nach überhaupt sonst nicht vorkommenden
Vollständigkeit unmusikalisch bin?« (M 65)

Sagen: Die Überlieferungstechniken, die Kafka hier beschreibt, 81.11
erinnern an den Aufsatz über »kleine Litteraturen«, den Kafka
Ende 1911 unter dem Eindruck der ihm durch Jizchak Löwy
erschlossenen jidd. Tradition verfasst. Kafka spricht u. a. vom
»Tagebuchführen einer Nation, das etwas ganz anderes ist als
Geschichtsschreibung« (T 313). Daher ist die Literatur dort
»weniger eine Angelegenheit der Litteraturgeschichte als Angelegenheit des Volkes« (T 315); vgl. hierzu insgesamt die Studie
von Deleuze/Guattari.

Pfeifen: Zum Gesang fehlen dem Pfeifen Stimme und Resonanz, 81.16
zur Sprache die Artikulation. Das macht es als Laut unkörper-
lich und als Botschaft nicht entzifferbar; es vermittelt nur mehr
eine »Ahnung dessen, was Gesang ist«. Es wäre also verfehlt, das
Pfeifen der Mäuse in Kafkas Erzählung biologisch erklären zu
wollen. Dies entspräche der Erwartung an eine Fabel. Kafkas
Erzählung aber ist keine Fabel, und das Pfeifen in ihr ist ein
abstraktes Konzept.

bloß die Lippen bewegenden Tratsch: Das heißt, das Gerede 86.5–6
rührt niemanden an, »bewegt« nichts außer den Lippen, die es
erzeugen.

Pelz: Vgl. den Kommentar zu 52,12 (*Bericht*) und unten zu 89.1
»Fruchtbarkeit«. Der »richtige« Begriff wäre an dieser Stelle
»Fell«; die Mäuse erscheinen hier mit ihrem eigenen Fell beklei-
det, wodurch die Atmosphäre erotisch aufgeladen wird. Vgl. in
der *Verwandlung* die Pelzaccessoires jener »Dame« aus einer
Illustrierten, die in ihrem »vergoldeten Rahmen« Gregor Samsas
Zimmer schmückt (D 115 f.).

89.26–27 **gerade ihren unzureichenden Mitteln:** Das erinnert nicht ohne Grund an die »unzulänglichen, ja kindischen Mittel« (61,3–4) des Odysseus.

90.15 **Fruchtbarkeit:** Gerade dieses »Charakteristikum«, das diesmal auch den natürlichen Gegebenheiten entspricht, erfüllt Josefine nicht. Aber schafft sie nicht mit den durch ihre »Konzerte« provozierten »Volksversammlungen« die Bedingungen dafür? Sind doch, während diese andauern, die Mäuse »mit ganz anderen Dingen beschäftigt«, herrscht doch »die Stille durchaus nicht nur dem Gesang zuliebe«, da »mancher gar nicht aufschaut, sondern das Gesicht in den Pelz des Nachbars drückt« (88,33–89,2).

91.15 **vorzeitig alt:** Kafka hätte hier an Friedrich Nietzsches (1844–1900) *Historienschrift* denken können, wo, im Rückgriff auf einen Vers Hesiods (*Werke und Tage*, Vers 180), die Metapher »angeborener Grauhaarigkeit«, die von den Mäusen ja durch ihr Fell gewissermaßen in die Tat umgesetzt wird, zur Beschreibung einer lebensfernen »historischen Bildung« bemüht wird, die im Gegensatz zu echter Geschichtlichkeit steht. Vgl. Friedrich Nietzsche, *Unzeitgemäße Betrachtungen. Zweites Stück: Vom Nutzen und Nachtheil der Historie für das Leben* [1874], in: ders.: *Sämtliche Werke. Kritische Studienausgabe.* Hg. von Giorgio Colli und Mazzino Montinari. Bd. 1. München 1980, S. 303.

94.1–2 **von jeder Arbeit befreit werde:** Man mag hier einen Reflex auf Kafkas Kampf um eine vorzeitige Pensionierung sehen.

94.20–21 **leicht zu rührende Volk:** ... so wie Milena Jesenská bei der Lektüre des *Armen Spielmanns* von Grillparzer.

99.14–15 **Schicksal [. . .] trauriges werden kann:** Vgl. auch das »schlimme Schicksal« (41,19), das dem Jäger Gracchus von dem Bürgermeister von Riva attestiert wird. Im Falle Josefines kündigt es sich an in ihrer »niemals ganz geklärten Stellung« (88,22–23) »fast außerhalb des Gesetzes« (93,16), die sie vom Tode ebenso ausschließt wie von echter Lebendigkeit.

Franz Kafka
in der Suhrkamp BasisBibliothek

Der Prozeß
Kommentar: Heribert Kuhn
SBB 18. 352 Seiten

»Dieser wichtige Roman liegt hier in einer preisgünstigen, schüler- und arbeitsgerechten Ausgabe vor, die die unvollendeten Kapitel, die vom Autor gestrichenen Stellen und das Nachwort Max Brods im Anhang einbezieht. Ein Kommentar von 60 Seiten informiert zur Text- und Entstehungsgeschichte, bietet Deutungsansätze und hilfreiche Wort- und Sacherklärungen.« *Lesenwert*

Die Verwandlung
Kommentar: Heribert Kuhn
SBB 13. 134 Seiten

»Heribert Kuhns Kommentar bietet einen überaus spannenden Zugang zu Kafkas berühmter Erzählung.«
Literatur in Wissenschaft und Unterricht

»Franz Kafkas berühmte Erzählung *Die Verwandlung* gibt es jetzt in einer gut kommentierten Ausgabe. ... Unmittelbare Worterklärungen und Verständnishilfen sind gleich in der Randspalte des Textes abgedruckt. Es folgt ein Kommentarteil, der die autobiografischen Zusammenhänge erläutert, Entstehungs- und Textgeschichte darstellt und Deutungsansätze unternimmt. ... Es bleibt kaum eine Frage offen.«
Frankfurter Neue Presse

NF 320/1/5.01

Hermann Hesse
Demian
Kommentar: Heribert Kuhn
SBB 16. 220 Seiten

»Heribert Kuhns Kommentar erweist sich als gehaltvolle,
fordernde und inspirierende Anleitung zum Verständnis
des Romans. Als *die* Leseausgabe für Studierende kann
dieser Band daher unbedingt empfohlen werden.«
Literatur in Wissenschaft und Unterricht

Hermann Hesse
Der Steppenwolf
Kommentar: Heribert Kuhn
SBB 12. 306 Seiten

»... Der 50 Seiten umfassende Kommentar allein lohnt
die Anschaffung dieses Textes. Er ist auch ideal für eine
Klassenlektüre.« *lesenswert*

Rainer Maria Rilke
Die Aufzeichnungen des Malte Laurids Brigge
Kommentar: Hansgeorg Schmidt-Bergmann
SBB 17. 300 Seiten

»Den größten Teil des Kommentars machen jedoch
Wort- und Sacherklärungen aus; da sie nicht stichwortar-
tig im Telegrammstil gehalten sind, erklären sie vorzüg-
lich auch komplexe Zusammenhänge.«
Neue Zürcher Zeitung

NF 320/2/5.01